Hartwig Henkel

Grundlagen des biblischen Lebensstils

Aufbruch-Verlag

Die Bibelstellen wurden nach der Elberfelder Bibel (revidierte Ausgabe) zitiert.

Predigt- und Vortragscassetten des Autors
sind zu beziehen über:

Cassettendienst der Philadelphia-Gemeinde
– Evang. Freikirche Wilmersdorf e.V. –
Babelsberger Straße 37
1000 Berlin 31

2. Auflage 1990
ISBN 3-926395-07-9
Umschlaggestaltung: Michael Stefanescu
Satz und Druck: Kupijai & Prochnow, Berlin

Inhalt

Predigt- und Vortragscassetten des Autors
sind zu beziehen über:

Cassettendienst der Philadelphia-Gemeinde
– Evang. Freikirche Wilmersdorf e.V. –
Babelsberger Straße 37
1000 Berlin 31

Einleitung

Je mehr wir dem in der Bibel angekündigten Ende der Menschheitsgeschichte und dem Beginn des Reiches Gottes entgegengehen, ist Gottes Geist damit beschäftigt, die Gemeinde Jesu auf ein neutestamentliches Niveau zu führen, wo sie wirklich in der Alltagspraxis den Ruhm des Herrn vermehrt. Durch das Leben der Christen und der örtlichen Gemeinde soll für die Ungläubigen Gottes Alternative zu ihren erfolglosen Selbsterlösungsversuchen sichtbar werden.

Dieses herrliche Ziel soll erreicht werden, indem wir als Christen unsere vorgefaßten Anschauungen mutig beiseite legen und dem Heiligen Geist die Aufgabe übergeben, aufgrund der er zu uns gesandt wurde: uns in alle Wahrheit hineinzuführen. Der ganze Umfang des Erlösungswerkes Jesu soll für uns lebendige Realität werden. Erst dann werden auch alle Verheißungen bezüglich der übernatürlichen Bestätigung und Demonstration der Kraft Gottes unsere Erfahrung werden.

Stimmen die Grundlagen nicht, so ist alles weitere, das darauf aufgebaut wird, gefährdet oder wird von vornherein ein schwaches Imitat dessen sein, was wirklich zu sehen sein sollte.

Diese Schrift ist gedacht als ein Arbeitsbuch, das intensive Beschäftigung mit den angeführten Bibelstellen und den daraus gezogenen Schlüssen erfordert. Wer es nur schnell überfliegen möchte, wird sicher wenig Gewinn davon haben und möglicherweise enttäuscht werden. Weil die Tiefe unserer Erfahrungen mit dem Herrn unmittelbar abhängig ist von der Klarheit unserer Erkenntnis der Erlösung, ist dieses Bibelstudium über die christlichen Grundlagen ein Angebot an jeden realitätshungrigen Leser, seine eigenen Fundamente zu überprüfen und zu verstärken.

Die hier behandelten Themen sind als Ergänzung zum Buch auch als Audio- und Videoserie erhältlich.

Das Wort Gottes

Off. 19,13
Joh. 1,1–4

Da Jesus Christus das Wort Gottes ist, bedeutet Jesus als Herrn aufzunehmen, das ganze Wort Gottes, die Heilige Schrift, als verbindlichen Maßstab anzuerkennen und bereit zu sein, danach das eigene Leben verändern zu lassen.

Persönlich sehe ich drei mir einleuchtende Gründe, an die Bibel als das Wort Gottes zu glauben.

1. Das Selbstzeugnis der Bibel

2. Tim. 3,16
2. Petr. 1,20–21

Alle Schrift ist von Gott eingegeben.

Hebr. 3,7

Deshalb, wie der Heilige Geist spricht: ...

(Die Bibelstellen wurden nach der Elberfelder Bibel (revidierte Ausgabe) zitiert.)

Hebr. 9,8
Hebr. 10,15

Das danach folgende Zitat aus den Psalmen wird also als das Reden des Heiligen Geistes vorgestellt. Ähnliches findet sich viele weitere Male in der Bibel. Die Bibel enthält nicht Gottes Wort, sie ist sein Wort.

2. Erfüllte Prophetien

Als einziges Buch der Weltliteratur enthält die Bibel eine ungeheure Fülle von Voraussagen, die sich im Laufe der Geschichte erfüllt haben. Gott will uns damit einen nachvollziehbaren Beweis seiner Existenz und Glaubwürdigkeit geben.

Jes. 44,6–8

So spricht der HERR, der König Israels und sein Erlöser, der HERR der Heerscharen: Ich bin der Erste und bin der Letzte, und außer mir gibt es keinen Gott. Und wer ist wie ich? Er rufe und verkünde es und lege es mir dar! – Wer hat von Urzeiten her das Kommende hören lassen? Und was eintreten wird, sollen sie uns verkünden! Erschreckt nicht und zittert nicht! Habe ich es dich nicht schon längst hören lassen und es dir verkündet? Und ihr seid meine Zeugen: Gibt es einen Gott außer mir? Es gibt keinen Fels, ich kenne keinen.

Obendrein gewinnen wir aus der Tatsache erfüllter Prophetien große Zuversicht, daß der zukünftige Verlauf der Menschheitsgeschichte ihm nicht aus den Händen geglitten ist, sondern sich alles am Ende so wunderbar und herrlich gestalten wird, wie er es vorhergesagt hat.

Einige Beispiele erfüllter Prophetie

Jes. 44,28–
Jes. 45,4

Der Prophet spricht von einem Herrscher namens Kyrus, der Jerusalem wieder aufbauen läßt, was gut 200 Jahre später auch geschah.

Jes. 13,17–22

Dem als uneinnehmbar geltenden Babylon wird die Zerstörung angekündigt, was sich 100 Jahre später auch ereignete.

Mich. 5,1
Ps. 34.21
Ps. 22,17.13

Mehr als 330 erstaunlich genaue Prophetien über Geburt, Leben und Sterben des Messias gibt es in der Bibel (siehe Anhang, Roger Liebi, Erfüllte Prophetie).

Hes. 38,8

Die Zerstreuung und Sammlung der Juden.

Die biblische Erwähnung der Hethiter galt lange Zeit als Beweis für die Unzuverlässigkeit und Zweifelhaftigkeit der Bibel, weil bis vor kurzem kein Zeugnis ihrer Kultur außerhalb der Bibel zu finden war. Heute ist der Bericht über die Hethiter ein weiterer Beweis für die Glaubwürdigkeit der Bibel (A. E. Wilder-Smith, Ist die Bibel vertrauenswürdig?, in: Factum Nr. 11/12 1986, S. 25, Förderung christlicher Publizistik (Hrsg.), Schwengeler-Verlag, CH-Berneck).

3. Erfahrungen

Die Verheißungen Gottes werden durch persönliche, aber nachprüfbare Erfahrungen derer als zuverlässig bewiesen, die nach dem Wort Gottes gehandelt haben und so Frieden, Sündenvergebung, die Kraft des Heiligen Geistes, Heilung und vielfältige Gebetserhörungen erlebt haben.

Jemand bemerkte einmal zur Frage der Glaubwürdigkeit der Bibel: vier Möglichkeiten sind denkbar.

1. Möglichkeit
„Es gibt keinen Gott und keinen Teufel. Die Bibel wurde von wohlmeinenden, aber irregeleiteten Menschen geschrieben."

Hätten wahrheitsliebende Menschen die Bibel geschrieben, so wären viele Berichte über Begegnungen mit Gott und über Wunder gelogen. Wie erklären sich dann aber die präzisen Erfüllungen vieler Prophetien?

2. Möglichkeit
„Die Bibel ist eine bewußte Täuschung."

Hätten Menschen, die die Wahrheit und das Gute ablehnen, mit bewußter Täuschung und zerstörerischen Absichten die Bibel geschrieben, warum gaben sie dann so viele wertvolle, praktische Anweisungen für ein glückliches Leben?

3. Möglichkeit
„Es gibt Gott und den Teufel. Die Bibel ist uns vom Teufel gegeben."

Wäre die Bibel vom Teufel, warum enthält sie funktionierende Anleitung, wie man den Teufel überwindet?

4. Möglichkeit
„Die Bibel ist Gottes Wort!"

„Satan will dich in Unwissenheit lassen über die wahre Natur des Wortes Gottes", sagte einmal sehr treffend der Bibellehrer Derek Prince. In der Tat ist die geistliche Erkenntnis über das Wesen und die Funktionsweise des Wortes Gottes ein ganz bedeutsamer Schlüssel für geistliches Wachstum. Das Wort ist Gottes einzige Möglichkeit, dich zu erreichen, zu korrigieren, zu informieren über neue Segnungen und dir Glauben für diese zu geben. Das Wort Gottes offenbart uns Einsichten und Zusammenhänge, die unser natürliches Denken, das lediglich Fakten aus der Welt der Sinne verarbeitet, niemals erfassen würde.

Dein Verhältnis zum Wort Gottes bestimmt dein ganzes Leben als Christ.

Gottes Wort soll an erster Stelle stehen vor eigenen Gedanken, Gefühlen und Erfahrungen und will zu deinem Wohl deinem Willen den Freiraum abstecken.

Gott ist der einzige, der uns Auskunft geben kann über das Wesen seines Wortes.

Was sagt Gott über sein Wort? Es ist:

w a h r

Ps. 33,4 — **Denn richtig ist das Wort des HERRN, und all sein Werk geschieht in Treue.**

Joh. 17,17 — **... dein Wort ist Wahrheit.**

Das Wort Gottes ist die Wahrheit. Wenn wir uns darauf einlassen, wird unser Denken und Handeln sich tiefgreifend verändern. Alles, was an weltanschaulichem Gedankengut nicht mit dem Wort Gottes übereinstimmt, werden wir beiseite legen. Wir sind tolerant, sanft und freundlich gegenüber Andersdenkenden, aber bezüglich Wahrheit gibt es keine Toleranz. Das Wort braucht keine Ergänzungen aus humanistischem Gedankengut, wie es sich oftmals in Bereichen wie seelischer Gesundheit, Beziehungs- und Erziehungsproblemen aufdrängt.

Kol. 2,8 — Paulus warnt vor Verführung durch Philosophie, die er auf eine Ebene stellt mit leerem Betrug. Jesus zeigt die Gefahr des Umgangs mit menschlichen Überlieferungen in lehrmäßigen Fragen:

Matth. 15,6 — **... und ihr habt so das Gebot Gottes ungültig gemacht um eurer Überlieferung willen.**

Gegründet in Wahrheit, das heißt in Realität, sind wir unerreichbar für die Lügen des Teufels.

u n v e r ä n d e r l i c h

Ps. 89,35 — **Ich werde ... nicht ändern, was hervorgegangen ist aus meinen Lippen.**

Jes. 40,8 — **... Aber das Wort unseres Gottes besteht in Ewigkeit.**

Matth. 24,35 — **Der Himmel und die Erde werden vergehen, meine Worte aber sollen n i c h t vergehen.**

Jes. 46,9b–11 **Es gibt keinen sonst, keinen Gott gleich mir, der ich von Anfang an den Ausgang verkünde und von alters her, was noch nicht geschehen ist, – der ich spreche: Mein Ratschluß soll zustande kommen, und alles, was mir gefällt, führe ich aus ...**

Jer. 1,12 **... denn ich werde über meinem Wort wachen, es auszuführen.**

Gott ist eine unauflösliche Verpflichtung eingegangen, zu seinem Wort zu stehen. Die Erkenntnis der Treue Gottes ist die Voraussetzung, ihm vertrauen zu können.

schöpferisch

Joh. 6,63b **Die Worte, die ich zu euch geredet habe, sind Geist und sind Leben.**

Ps. 33,9 **Denn er sprach, und es geschah; er gebot, und es stand da.**

Ps. 148,5b **Denn er gebot, und sie waren geschaffen.**

Röm. 4,17 **Gott, ... der ... das Nichtseiende ruft, wie wenn es da wäre.**

Jes. 55,11 **So wird mein Wort sein, das aus meinem Mund hervorgeht. Es wird nicht leer zu mir zurückkehren, sondern es wird bewirken, was mir gefällt, und ausführen, wozu ich es gesandt habe.**

Das Wort Gottes ist nicht nur Information, sondern auch Aktion, Ereignis und Tat.

Waffe

Jer. 23,29 **Ist mein Wort nicht brennend wie Feuer, spricht der HERR, und wie ein Hammer, der Felsen zerschmettert?**

Eph. 6,17 **... das Schwert des Geistes, das ist Gottes Wort.**

Ps. 68,12–13 (nach Luther) **Der Herr gibt ein Wort ...: ... Die Könige der Heerscharen fliehen ...**

Mit dem kraftvollen Wort Gottes sind wir bestens ausgerüstet, nicht nur, um uns vor dem Feind zu verteidigen, sondern um ihn in die Defensive zu bringen. Dem Wort Gottes aus unserem Mund ist Satan genauso hilflos ausgeliefert wie dem Wort aus dem Munde Jesu, als er ihm in der Wüste widerstand.

Heilung

Spr. 4,22	**Denn Leben sind sie denen, die sie finden, und Heilung für ihr ganzes Fleisch.**
Ps. 107,20a	**Er sandte sein Wort und heilte sie.**
Luk. 7,7	**... sprich ein Wort, und mein Diener wird gesund werden.**
Matth. 8,16–17	**Als es aber Abend geworden war, brachten sie viele Besessene zu ihm; und er trieb die Geister aus mit einem Wort, und er heilte alle Leidenden, damit erfüllt würde, was durch den Propheten Jesaja geredet ist, der spricht: „Er selbst nahm unsere Schwachheiten und trug unsere Krankheiten."**
Röm. 1,16	**Denn ich schäme mich des Evangeliums nicht, ist es doch Gottes Kraft zum Heil jedem Glaubenden ...**

wirksam in uns

Luk. 1,37	**Denn kein Wort, das von Gott kommt, wird kraftlos sein.**
Hebr. 4,12	**Denn das Wort Gottes ist lebendig und wirksam und schärfer als jedes zweischneidige Schwert und durchdringend bis zur Scheidung von Seele und Geist, sowohl der Gelenke als auch des Markes, und ein Richter der Gedanken und Gesinnungen des Herzens.**
Apg. 20,32	**Und nun befehle ich euch Gott und dem Wort seiner Gnade, das die Kraft hat, aufzuerbauen und ein Erbe unter allen Geheiligten zu geben.**
1. Thess. 2,13	**... Gottes Wort, das in euch, den Glaubenden, auch wirkt.**
Jak. 1,21	**... nehmt das eingepflanzte Wort mit Sanftmut auf, das eure Seelen zu erretten vermag.**
Joh. 8,32	**... und ihr werdet die Wahrheit erkennen, und die Wahrheit wird euch frei machen.**

reinigend

Eph. 5,26 **... reinigend durch das Wasserbad im Wort ...**

Joh. 15,3 **Ihr seid schon rein um des Wortes willen, das ich zu euch geredet habe.**

Glauben erzeugend

Röm. 10,8 **„Das Wort ist dir nahe, in deinem Mund und in deinem Herzen." Das ist das Wort des Glaubens, das wir predigen ...**

Röm. 10,17 **Also ist der Glaube aus der Verkündigung, die Verkündigung aber durch das Wort Christi.**

Nahrung

Ps. 19,9a **Die Vorschriften des HERRN sind richtig und erfreuen das Herz.**

Matth. 4,4 **„Nicht von Brot allein soll der Mensch leben, sondern von jedem Wort, das durch den Mund Gottes ausgeht."**

Unser neuer Geist wird ernährt und stark gemacht durch das Verspeisen des Wortes Gottes und kann erst dann die Widerstände der Finsternis überwinden.

Damit alle genannten Eigenschaften und Wirkungen des Wortes sich auch so in unserem Leben auswirken, müssen wir das Wort so behandeln, wie Gott es uns vorschreibt.

Wie wir das Wort Gottes behandeln sollen:

Spr. 4,20–22 **Mein Sohn, auf meine Worte achte, meinen Reden neige dein Ohr zu! Laß sie nicht aus deinen Augen weichen, bewahre sie im Innern deines Herzens! Denn Leben sind sie denen, die sie finden, und Heilung für ihr ganzes Fleisch.**

Spr. 3,1b **... dein Herz bewahre meine Gebote!**

Spr. 3,3b **... schreibe sie auf deines Herzens Tafel!**

5. Mose 30,14 — Sondern ganz nahe ist dir das Wort, in deinem Mund und in deinem Herzen, um es zu tun.

Jos. 1,8 — Dieses Buch des Gesetzes soll nicht von deinem Mund weichen, und du sollst Tag und Nacht darüber nachsinnen, damit du darauf achtest, nach alledem zu handeln, was darin geschrieben ist; denn dann wirst du auf deinen Wegen zum Ziel gelangen, und dann wirst du Erfolg haben.

Ps. 103,18 — ... die seiner Vorschriften gedenken, um sie zu tun.

Die Befähigung zum Gehorsam kommt nicht durch eigene Kraft, sondern durch das Wort Gottes, das durch Aussprechen und Nachsinnen verwurzelt ist in unserem Herzen und so seine Kraft freigibt.

Luk. 8,15 — Das in der guten Erde aber sind die, welche in einem redlichen und guten Herzen das Wort, nachdem sie es gehört haben, bewahren und Frucht bringen mit Ausharren.

1. Joh. 2,14 — ... weil ihr stark seid und das Wort Gottes in euch bleibt und ihr den Bösen überwunden habt.

Ps. 119,11 — In meinem Herzen habe ich dein Wort verwahrt, damit ich nicht gegen dich sündige.

Kol. 3,16 — Das Wort des Christus wohne reichlich in euch; in aller Weisheit lehrt und ermahnt euch gegenseitig, mit Psalmen, Lobliedern und geistlichen Liedern singt Gott in euren Herzen in Gnade.

Ps. 1,2–3 — ... sondern seine Lust hat am Gesetz des HERRN und über sein Gesetz sinnt Tag und Nacht! Er ist wie ein Baum, gepflanzt an Wasserbächen, der seine Frucht bringt zu seiner Zeit, und dessen Laub nicht verwelkt; alles was er tut, gelingt ihm.

Ps. 112,1 — Glücklich der Mann, der den HERRN fürchtet, der große Freude an seinen Geboten hat!

Hebr. 4,2 — ... aber das gehörte Wort nützte jenen nicht, weil es bei denen, die es hörten, sich nicht mit dem Glauben verband.

Ps. 56,5	**... sein Wort rühme ich ...**
Tit. 1,9	**... der an dem der Lehre gemäßen zuverlässigen Wort festhält, damit er fähig sei, sowohl mit der gesunden Lehre zu ermahnen als auch die Widersprechenden zu überführen.**
Ps. 119,13	**Mit meinen Lippen habe ich erzählt alle Bestimmungen deines Mundes.**
Ps. 119,15	**Deine Vorschriften will ich bedenken ...**
Ps. 119,16b	**Dein Wort vergesse ich nicht.**
Ps. 119,18	**Öffne meine Augen, damit ich schaue die Wunder aus deinem Gesetz.**
Ps. 119,23	**... dein Knecht sinnt nach über deine Ordnungen.**
Ps. 119,40a	**Siehe, ich sehne mich nach deinen Vorschriften!**
Ps. 119,56	**Dies ist mir zuteil geworden: Daß ich deine Vorschriften bewahre.**
Ps. 119,97	**Wie liebe ich dein Gesetz! Es ist mein Nachdenken den ganzen Tag.**

Wenn wir Gottes Aussagen über sein Wort aufnehmen, durchdenken, immer wieder laut aussprechen, ihm dafür danken, entsteht in uns lebendiger Glaube an die Kraft des Wortes Gottes. Wir bekommen und behalten eine ständige Motivation zur Beschäftigung mit Gottes Wort.

Es wird wirksam in uns, befreit, heilt und macht uns fähig zum Gehorsam. Entwickle auf diese Weise eine konstante, brennende Liebe zu Gottes Wort!

Errettung und die neue Geburt

Wir müssen genau wissen, was mit uns geschehen ist, als wir Jesus Christus zum Herrn unseres Lebens gemacht haben. Die Erkenntnis über die Fakten unseres neuen Lebens ist die erste Voraussetzung dafür, in den biblischen Lebensstil mit allen Segnungen wirklich hineinzukommen.

Gott ist der einzige, der uns echte Offenbarung über unser neues Leben geben kann. Unsere Gefühle und Erfahrungen sind durch die Sinne vom Sichtbaren geprägt und können uns deshalb keine Einsicht über die geistlichen Realitäten vermitteln.

Gott redet zu uns durch sein Wort.

Um die Tatsache und Notwendigkeit der Errettung verstehen zu können, brauchen wir eine klare Sicht von Gottes ursprünglichem Plan für den Menschen.

1. Mose 1,26 **Und Gott sprach: Laßt uns Menschen machen in unserm Bild, uns ähnlich! Sie sollen herrschen ...**

Die erste Aussage in der Bibel über den Menschen besagt, daß er nach Gottes Willen herrschen soll, natürlich in der Weise, wie auch Gott herrscht.

Ps. 8,7 **Du machst ihn zum Herrscher über die Werke deiner Hände; alles hast du unter seine Füße gestellt.**

Ps. 115,16 **... die Erde aber hat er den Menschenkindern gegeben.**

Der Mensch hatte Autorität und Verantwortung gegenüber Gott für sein Leben und hatte völlige Entscheidungsfreiheit für oder gegen eine Beziehung mit Gott.

Satan hatte als schon zuvor abgefallenes Engelwesen keine Macht über den Menschen, weil dieser durch Hingabe und Gehorsam in völligem Schutz war. Weil der Mensch im Herrschaftsbereich Gottes lebte, genoß er auch dessen Segen. Er kannte weder einen Hang oder gar Zwang zur Sünde, noch wußte er um Krankheit, Tod oder irgendeine andere Form der Beeinträchtigung oder des Mangels.

Diese Lebensform des ersten Menschen nach dem Willen Gottes zu kennen, läßt uns später auch die ganze Tiefe des Erlösungswerkes verstehen.

Adams Fall bestand in einem Annehmen des Wortes Satans, nicht in einem Übertreten eines untergeordneten Verbotes. Gehorsam dem Worte Satans gegenüber bedeutete für Adam, sich der Autorität Satans unterzuordnen. Dieser bewußte Schritt hatte schreckliche Folgen, die Gott in seiner Liebe zuvor angekündigt hatte.

1. Mose 2,17 **... vom Baum der Erkenntnis des Guten und Bösen, davon darfst du nicht essen; denn an dem Tag, da du davon ißt, mußt du sterben.**

Gottes Wort erfüllte sich: Adam starb – zuerst geistlich. Seine Gemeinschaft mit Gott in Liebe und Vertrauen wurde augenblicklich zerstört.

Das angenommene und angewandte Wort Satans erzeugte in Adam die Natur Satans, an die er durch Zwang gebunden war. Verlust aller Freiheit und Autorität sowie Selbstbestimmung in Vernunft waren die Folgen. Das selbstsüchtige Lebensprinzip Satans von Unabhängigkeit, Unwahrhaftigkeit und Ungerechtigkeit sorgten für eine nicht endende Wiederholung von seelischem und körperlichem Leid.

Röm. 6,16 **Wißt ihr nicht, daß, wem ihr euch zur Verfügung stellt als Sklaven zum Gehorsam, ihr dessen Sklaven seid, dem ihr gehorcht? Entweder Sklaven der Sünde zum Tod oder Sklaven des Gehorsams zur Gerechtigkeit?**

Eph. 2,1–3.5 Adam gab diese selbstzerstörerische Natur an seine Nachkommen weiter.

Röm. 5,14 Der Tod herrschte von Adam an. Krankheit und Fluch wurden das Normale im Leben der Menschen.

2. Kor. 4,4
Luk. 4,6
Eph. 6,12
Joh. 14,30
1. Joh. 5,19

Satan wurde Gott dieser Welt durch die Unterordnung Adams unter seine Herrschaft.

Luk. 16,19–31
Hebr. 2,14

Satan bekam nicht nur das Recht, die Menschen während ihres irdischen Lebens zu quälen, sondern auch danach im Totenreich.

Off. 20,11–15 Nach dem letzten Gericht wartet die ewige Verdammnis auf Satan und trifft automatisch damit auch die Menschheit, die auf seiner Seite steht.

Diese schrecklichen Fakten über die Folgen des Sündenfalls bestimmen auch die Breite des göttlichen Erlösungswerkes. Errettung bedeutet Herauslösung aus dem Machtbereich Satans, Beendigung der Knechtschaft und aller ihrer Folgen.

Kol. 1,13 Gott hat uns herausgerettet aus dem Machtbereich (wörtl.: Autorität) der Finsternis und uns in sein Reich versetzt.

Die Grundlage unserer Errettung ist allein das stellvertretende Leiden und Sterben des Sohnes Gottes und seine Auferstehung.

Röm. 3,23–24 Der Mensch konnte und durfte keinen Beitrag zu seiner Errettung leisten, weil er vor Gott schuldig und verflucht war.

Jesu Tod und Blut ist Gottes Kaufpreis und Lösegeld, um uns aus der Hand des Teufels zu bekommen.

Eph. 1,7 **In ihm haben wir die Erlösung** (wörtl.: Loskommen aus Unfreiheit durch ein gezahltes Lösegeld) **durch sein Blut ...**

Matth. 20,28 **... gekommen ist, um ... sein Leben zu geben als Lösegeld für viele.**

1. Tim. 2,6 **... Christus Jesus, der sich selbst als Lösegeld für alle gab ...**

1. Petr. 1,18–19 **... denn ihr wißt, daß ihr nicht mit vergänglichen Dingen, mit Silber oder Gold, erlöst worden seid ..., sondern mit dem kostbaren Blut Christi als eines Lammes ohne Fehler und ohne Flecken.**

Apg. 20,28 **... die Gemeinde Gottes ..., die er sich erworben hat durch das Blut seines eigenen Sohnes.**

1. Kor. 6,20 **Denn ihr seid um einen Preis erkauft worden...**

Röm. 5,8 **Gott aber erweist seine Liebe gegen uns darin, daß Christus, als wir noch Sünder waren, für uns gestorben ist.**

Gal. 3,13 **Christus hat uns losgekauft von dem Fluch des Gesetzes, indem er ein Fluch für uns geworden ist ...**

1. Kor. 15,3 **... Christus für unsere Sünden gestorben ist ...**

Tit. 2,14 **Der** (Jesus Christus) **hat sich selbst für uns gegeben, damit er uns loskaufte von aller Gesetzlosigkeit ...**

Jes. 53,5 **Doch er war durchbohrt um unserer Vergehen willen, zerschlagen um unserer Sünden willen. Die Strafe lag auf ihm zu unserem Frieden, und durch seine Striemen ist uns Heilung geworden.**

Unsere Errettung wurde ermöglicht durch das stellvertretende Sterben Jesu Christi. Durch seinen Tod wurde Satan entmachtet und seine Herrschaft über die Menschen beendet.

Hebr. 2,14 **Weil nun die Kinder Blutes und Fleisches teilhaftig sind, hat auch er in gleicher Weise daran Anteil gehabt, um durch den Tod den zunichte zu machen, der die Macht des Todes hat, das ist den Teufel, und um alle die zu befreien, die durch Todesfurcht das ganze Leben hindurch der Knechtschaft unterworfen waren.**

Wieso wurde Satans Macht über die Menschen gebrochen **durch den Tod** Jesu?

Dies im Worte Gottes zu erkennen, eröffnet dem Gläubigen ein tieferes Verständnis seiner Gotteskindschaft, Erlösung und Autorität über Satan.

Fakten über das Erlösungswerk Jesu

Gott hat persönlich und später viele Male durch seine Propheten das Kommen eines Menschen angekündigt, der Satans Macht über die Menschen brechen würde.

1. Mose 3,15 **... er wird dir den Kopf zermalmen ...**

Luk. 1,70–75 **... wie er geredet hat durch den Mund seiner heiligen Propheten von Ewigkeit her: Rettung von unseren Feinden und von der Hand aller, die uns hassen; um Barmherzigkeit zu üben an unseren Vätern und seines heiligen Bundes zu gedenken, des Eides, den er Abraham, unserem Vater, geschworen hat, uns zu geben, daß wir, gerettet aus der Hand unserer Feinde, ohne Furcht ihm dienen sollen in Heiligkeit und Gerechtigkeit vor ihm alle unsere Tage.**

Joh. 1,14
Joh. 20,28
Phil. 2,6–7
1. Joh. 5,20

Jesus von Nazareth war Gott in Menschengestalt, nicht etwa nur ein Mensch neben anderen, der vielleicht eine besondere Beziehung zu Gott gehabt hätte.

Luk. 1,30–35 Durch die Jungfrauengeburt und die Vaterschaft des Heiligen Geistes war Jesus ganz Mensch, ohne unter dem Fluch Adams zu stehen.

Luk. 3,21–22 Jesus wurde von Gott vor Satan verborgen, bis der Heilige Geist auf ihn herabkam und Gott sich vom Himmel öffentlich zu ihm bekannte.

1. Joh. 3,8 Unmittelbar darauf begann die Auseinandersetzung mit Satan. Er sah sich nun dem verheißenen Menschen gegenüber, der gekommen war, seine Tyrannei zu beenden.

Die Versuchung in der Wüste war eine Wiederholung der Versuchung Adams unter wesentlich härteren Bedingungen. Jesus, der zweite Adam, widerstand siegreich.

Das Ziel Satans in der Auseinandersetzung mit Jesus war, ihn zur Sünde zu verleiten. Durch Einwilligung in die Sünde hätte Satan auf Jesus ebenso Anspruch wie auf alle anderen Menschen zuvor.

1. Kor. 2,6–8 Das Kreuz war Gottes verborgene Weisheit, auf einer Rechtsgrundlage Satan zu besiegen und zu entmachten. Als Jesus sich freiwillig in die Hände der Sünder und damit des Teufels selbst begab, hatte dieser keine Einsicht in den Plan Gottes.

1. Petr. 2,24 Jesus übernahm am Kreuz nicht nur unsere Sünden, sondern darüber hinaus übergab er Gott seinen eigenen Geist, und der Vater tat damit etwas Ungeheures: Er machte ihn zur Sünde.

2. Kor. 5,21 **Den, der Sünde nicht kannte, hat er für uns zur Sünde gemacht, damit wir Gottes Gerechtigkeit würden in ihm.**

Matth. 27,46 Jesus erlebte die totale Trennung von Gott, weil er in seinen Geist die Natur der gefallenen Menschheit aufgenommen hatte.

Ohne selbst in eine einzige Sünde eingewilligt zu haben, nahm er am Kreuz den Platz des Sünders ein.

Nach dem physischen Tod, der ja erst nach dem geistlichen Tod eintreten konnte, ging Jesus im Geist als Gefangener Satans in die untersten Örter der Erde und erlitt die Qual der totalen Gemeinschaft mit Satan.

Apg. 2,24

Den (nämlich Jesus) **hat Gott auferweckt, nachdem er die Wehen des Todes aufgelöst hatte, wie es denn nicht möglich war, daß er von ihm** (dem Tod) **behalten würde.**

Die Wortwahl in diesem Text zeigt ganz deutlich, daß der Aufenthalt Jesu im Totenreich zunächst den Charakter einer Gefangenschaft hatte.

Matth. 12,40

Dasselbe wird deutlich, wenn Jesus die Zeit zwischen Tod und Auferstehung mit dem Aufenthalt Jonas im Bauch des Fisches vergleicht. Wenn bisher vielfach angenommen wurde, daß mit dem körperlichen Tod Jesu das Erlösungswerk vollbracht war und er sofort danach siegreich in die Unterwelt einzog, stimmt das einfach nicht mit den biblischen Aussagen überein.

In seinem blinden Haß hatte Satan eine wichtige Tatsache übersehen: Er hatte seine Autorität über den Tod mißbraucht, d. h., er hatte sie auf Jesus angewandt, ohne daß dieser die Voraussetzung dafür bot. Jesus hatte die Natur des Sünders angenommen, ohne allerdings selbst gesündigt zu haben. Das Recht, die Menschen im Totenreich zu quälen, bezog sich nur auf Menschen, die sowohl die Natur des Sünders besaßen als auch selbst gesündigt hatten. Diese Voraussetzung war in allen Fällen zuvor auch erfüllt.

Satan hatte Jesus zu Unrecht in das Totenreich geholt und Gott hatte eine legale Basis, um einzugreifen.

Apg. 13,28–38
1. Tim. 3,16
Off. 1,5
Kol. 1,18
Hebr. 13,20

Gott konnte Jesus lebendig machen, d. h. ihm einen neuen Geist geben. Jesus wurde so der Erstgeborene aus den Toten. Er war der erste Mensch, der aus geistlichem Tod zu Leben aus Gott kam.

Off. 1,17–18
Kol. 2,15
Luk. 11,21–22

Jesus hat Satan im Totenreich überwunden, entmachtet und entwaffnet.

Jes. 49,24–25

Jesus hat die Gefangenen befreit und den Raub Satans wieder ausgeteilt.

Luk. 4,18–20

Das Gnadenjahr des Herrn hat für die Menschheit begonnen, und jeder bekommt den verlorenen Besitz wieder zurück.

Erst nach diesem wichtigen Teil des Erlösungswerkes ging Jesus zurück in seinen irdischen Leib, welcher augenblicklich durch die Kraft der Auferstehung verwandelt wurde.

Hebr. 9,11–16 Jesus erschien als unser Hoherpriester vor dem Vater mit seinem Blut und reinigte die himmlischen Heiligtümer.

Die Aneignung der Errettung

Die Aneignung der Errettung geschieht durch

1. Hören der Botschaft von Jesu stellvertretendem Tod

2. Glauben

Eph. 2,8 **aus Gnade seid ihr errettet durch Glauben ...**

Joh. 3,16 **... damit jeder, der an ihn glaubt, nicht verloren gehe ...**

3. Handeln, d. h., wir stellen unser Leben mit einem Bekenntnis unter die Herrschaft Jesu und gehen davon aus, daß er es in diesem Augenblick auch angenommen hat.

Röm. 10,8b–9 **Das ist das Wort des Glaubens, das wir predigen, daß, wenn du mit deinem Mund Jesus als Herrn bekennen und in deinem Herzen glauben wirst, daß Gott ihn aus den Toten auferweckt hat, du errettet werden wirst.**

Gott zu glauben heißt, davon auszugehen, daß er sein Wort hält, und sich entsprechend zu verhalten. Das bedeutet in diesem Fall: Wir danken dafür, daß wir jetzt angenommen und Kind Gottes sind. Um Gott als treu und wahrhaftig anzusehen, brauchen wir keine Unterstützung von Gefühlen.

Ergebnis des Glaubens

1. Joh. 3,2
Gal. 3,26 Wir sind Kinder Gottes.

Joh. 1,12 Unser Geist ist von neuem geboren.

Joh. 3,3
1. Petr. 1,23 Wir sind mehr als nur Sünder, denen vergeben ist. Unser Geist hat eine neue Natur.

1. Joh. 5,4 **2. Kor. 5,17** **Eph. 4,24**	Die Seele (Gedanken, Gefühle) ist zunächst unverändert. Sie wird in einem Prozeß von Gehorsamsschritten verändert.
Eph. 1,19–21 **Joh. 5,24** **Joh. 20,31**	Dieselbe Kraft, durch die Gott Jesus von den Toten auferweckt hat, wurde auch bei uns wirksam, und zwar mit demselben Ergebnis: Wir sind aus dem Tod in das Leben übergegangen.
Röm. 5,9	Wir sind nicht länger unter dem Zorn Gottes.
Kol. 1,13 **Eph. 1,7** **Gal. 3,13–14** **Luk. 1,71.74**	Wir sind aus dem Machtbereich des Teufels herausgenommen.
1. Kor. 1,30 **Eph. 2,5–6**	Unsere Position ist „in Christus", und mit Christus zusammen sind wir versetzt in himmlische Örter.
1. Petr. 5,8–9 **Jak. 4,7** **Mark. 16,17**	Auf dieser Grundlage haben wir Autorität über Satan, um ihn aus unserem Leben herauszuhalten, aber auch um andere zu befreien.
Eph. 1,11	In Christus haben wir ein Erbteil erlangt.
Eph. 2,12	Wir sind nicht länger abgelehnt, ausgeschlossen, einsam und ohne Hoffnung.
Eph. 3,12	Wir haben freien Zugang zum Vater durch den Glauben Jesu, d. h. seine Fähigkeit, dem Vater zu vertrauen, ist uns gegeben.
Röm. 8,1.33–34	Verdammnis und Anklage dürfen uns nicht länger belasten.
1. Kor. 6,17	Wir sind eines Geistes mit Jesus.
1. Kor. 6,11	Wir sind abgewaschen, geheiligt und gerecht geworden.
Röm. 8,38–39	Es ist Satan nicht möglich, uns von der Liebe Gottes zu trennen.
1. Kor. 6,20 **Röm. 8,29–30** **Jes. 43,3–4**	Wir sind wertvoll und bedeutend.
Röm. 6,17 **Röm. 7,22**	Wir sind von Herzen gehorsam geworden und haben Lust an Gottes Gesetz.
Phil. 4,13	Wir sind fähig, alles zu tun, was Gott von uns möchte.

Apg. 2,38 Der neue Geist ist die Voraussetzung für den Empfang des Heiligen Geistes.

Unser Status als neue Schöpfung in Christus ist die Grundlage, den Segen Gottes im neuen Leben erfahren zu können. Sieg oder Niederlage, Kraft oder Schwäche, Glauben oder Angst in unserem Leben als Christ hängen ganz entscheidend davon ab, ob wir die Realität der Erlösung und der neuen Schöpfung erkennen oder nicht.

Das unablässige Gebet des Paulus um Offenbarung der geistlichen Realitäten in Eph. 1,16 ist auch für uns ein überaus wichtiger Schlüssel, die Startbedingungen und Möglichkeiten unseres geistlichen Lebens voll zu erfassen. Der Heilige Geist kann und will uns hier zu Hilfe kommen.

1. Kor. 2,9–12 **Wir aber haben nicht den Geist der Welt empfangen, sondern den Geist, der aus Gott ist, damit wir die Dinge kennen, die uns von Gott geschenkt sind.**

Wenn du nicht sicher bist, ob du tatsächlich errettet bist, dann gehe durch diesen einfachen Schritt der Übergabe deiner Person mit Vergangenheit und Zukunft an Jesus Christus gleich jetzt.

Kreuz und Taufe

Gott hat für uns Jesus an das Kreuz gegeben und uns damit den Zugang zur Gemeinschaft mit ihm ermöglicht. Aber darüber hinaus hat er am Kreuz auch an uns Entscheidendes getan.

Paulus teilt uns im Römerbrief, Kapitel 6, eine Offenbarung mit, die das menschliche Denken niemals entdecken könnte:

Röm. 6,6
2. Kor. 5,14

Jeder Mensch ist am Kreuz mit Christus gekreuzigt worden. Dies ist eine grundlegende Heilstatsache, die wir wissen müssen. „Wissen" und „Erkennen" sind Schlüsselworte im Kapitel 6 des Römerbriefes.

Röm. 6,2

Wir sind der Sünde abgestorben. Nicht die Sünde in uns ist gestorben oder mußte noch zu Tode gebracht und ausgerottet werden. Durch unseren Tod mit Christus am Kreuz sind wir dem Machtbereich der Sünde entzogen worden.

Röm. 6,6

... da wir dies erkennen, daß unser alter Mensch mitgekreuzigt worden ist, damit der Leib der Sünde abgetan (wörtlich: außer Kraft gesetzt) **sei, daß wir der Sünde nicht mehr dienen.**

Das Ziel von Gottes Handeln am Kreuz im Blick auf uns ist die Befreiung von dem Zwang, der Sünde weiterhin dienen zu müssen. Gott befaßte sich nicht mit der Sünde, sondern mit dem Sünder, und beseitigte durch das Kreuz die Wurzel des Problems. Wir sind der Sünde gegenüber abgestorben und müssen deshalb nicht mehr zwangsläufig auf ihre Reize und Lustangebote reagieren. Dieser Sieg über die Sünde kommt nicht durch energische Anstrengung unseres Willens zustande, sondern durch Wissen und glaubendes Annehmen dessen, was Gott mit uns am Kreuz getan hat.

Röm. 6,11

Wir müssen davon ausgehen und mit der Tatsache rechnen, daß wir

1. der Sünde gestorben sind
2. für Gott leben in Christus Jesus.

Auch die totale Hingabe an Gott ist nicht Ergebnis eines seelischen Ringens und Überwindens antigöttlicher Regungen und Gefühle in uns, sondern eine Glaubenstat. Du sprichst deine völlige Hingabe an Jesus, deinen Herrn, aus und glaubst von da an, daß du für ihn lebst.

Röm. 6,11 Auf dieser Grundlage geben wir der Sünde keinen Raum in uns, sondern können ihr widerstehen.

Röm. 6,13 Das Wort Gottes betont unsere Verantwortung der Entscheidung gegenüber der Sünde und verspricht uns Freiheit von der Herrschaft der Sünde unter der Voraussetzung, daß wir unter der Gnade leben und nicht dem Gesetz.

Röm. 6,14 **Denn die Sünde wird nicht über euch herrschen, denn ihr seid nicht unter Gesetz, sondern unter Gnade.**

Unter Gnade zu sein bedeutet, die vollbrachte Erlösung zu erkennen und als Geschenk anzunehmen, wissend, daß wir es nicht verdienen und selbst erarbeiten können. Solange wir unter dem Gesetz leben, d. h. nur die Forderung des göttlichen Maßstabes über uns sehen und diese Forderung aus eigener Kraft und Anstrengung erfüllen wollen, bleibt uns die Freiheit von der Macht der Sünde versagt.

Gnade wird erst derjenige erleben, der die volle Bedeutung des Kreuzes erkannt und bejaht hat. Indem ich das stellvertretende Sterben Jesu für mich in Anspruch nehme, gebe ich ja zu, als Sünder vor Gott so verdorben und unfähig zu sein, daß es keine Chance der Selbstverbesserung für mich gibt.

Röm. 7,18a **Denn ich weiß, daß in mir, das ist in meinem Fleisch, nichts Gutes wohnt.**

Dem Sünder in uns wird also nicht nur vergeben und er bekommt nicht nur die Möglichkeit, unter unveränderten Voraussetzungen einen zweiten Versuch im Leben zu machen. Nein, der Sünder, auch mit seinen besten Seiten, ist unter dem Fluch und unfähig, ein Leben zu führen, das Gott gefallen könnte. Das neue Leben beginnt mit der Erkenntnis, daß der Sünder hingerichtet werden mußte. Die Annahme des stellvertretenden Sühnetodes Jesu ist also eine totale Bankrotterklärung vor Gott.

Durch das erkannte und angenommene Werk des Kreuzes sind wir nicht nur los von der Macht der Sünde, sondern auch von dem Anspruch des Gesetzes. Das Gesetz mag fordern, was göttlicher Maßstab ist. Aber es würde nur wieder die alte Natur und eigene seelische Kraft aktivieren. Das neue Leben kommt jedoch auf gänzlich andere Art zustande: indem die Forderung des Gesetzes entfällt und die neue Natur von innen heraus ohne Druck und Zwang den Willen Gottes erfüllt.

Röm. 7,6

Jetzt aber sind wir von dem Gesetz losgemacht, da wir dem gestorben sind, worin wir festgehalten wurden, so daß wir in dem Neuen des Geistes dienen und nicht in dem Alten des Buchstabens.

Röm. 8,2–4

Denn das Gesetz des Geistes des Lebens in Christus Jesus hat dich frei gemacht von dem Gesetz der Sünde und des Todes. Denn das dem Gesetz Unmögliche, weil es durch das Fleisch kraftlos war, tat Gott, indem er seinen eigenen Sohn in Gleichgestalt des Fleisches der Sünde und für die Sünde sandte und die Sünde im Fleisch verurteilte, damit die Rechtsforderung des Gesetzes erfüllt wird in uns, die wir nicht nach dem Fleisch, sondern nach dem Geist wandeln.

Weil die Forderung des Gesetzes, auch wenn sie dem Willen Gottes entspricht, immer wieder die eigene seelische Kraft anspricht und aktiviert, ist das Gesetz ein Hindernis für die freie Entfaltung des göttlichen Lebens nach dem Geist in uns. Der Anspruch des Gesetzes muß zu Ende kommen, damit wir für Jesus leben und Frucht bringen können. Durch das Kreuz sind wir dem Gesetz getötet, und aus der Forderung „Du sollst" wird jetzt die Freiheit und das Verlangen „Ich will".

Röm. 6,3–4
Kol. 2,12

Apg. 2,38.41
Mark. 16,15–16
Matth. 28,19
Apg. 8,12
Apg. 9,18
Apg. 8,36–37

Unsere Einheit mit Jesu Tod, Begräbnis und Auferstehung wird in der Wassertaufe zum Ausdruck gebracht. Die äußere Form sowie der Zeitpunkt der neutestamentlichen Wassertaufe ist nicht unserer Wahl überlassen. Die Reihenfolge – Umkehr und Glaube vor Taufe – ist zwingend im Wort festgelegt.

Apg. 10,47

Weil die Menschen im Hause von Kornelius gläubig geworden waren und den Heiligen Geist empfangen hatten, gab es für Petrus keinen Grund mehr, die Taufe zu verwehren.

Apg. 8,36–38

Die einzige detaillierte Beschreibung einer neutestamentlichen Wassertaufe betont ausdrücklich, daß beide Menschen in das Wasser hinabstiegen und dort der Kämmerer getauft wurde. Das griechische Wort für „taufen" (baptizo) bedeutet ja auch: untertauchen, hineintauchen.

Die Taufe wurde als notwendiger Bestandteil von echter Hingabe an den Herrn schon in der missionarischen Verkündigung betont.

Den Gläubiggewordenen wurde dieser Schritt nicht zur Wahl gestellt, sondern verordnet.

Apg. 10,48 **Und er befahl, daß sie getauft würden im Namen Jesu Christi.**

Gott erwartet von uns, daß wir auch in diesem Punkt genau seinem Wort und nicht menschlichen Vorstellungen folgen. Auch wenn unsere Argumente oder die aus unserer christlichen Umgebung noch so weise sind und sich noch so liebevoll und vermittelnd anhören, muß für uns klar sein: Jesus ist der Herr seiner Gemeinde, und er allein hat das Recht, Anweisungen über die Taufe zu geben.

Taufe in den Heiligen Geist

Apg. 1,8 **Aber ihr werdet Kraft empfangen, wenn der Heilige Geist auf euch gekommen ist; und ihr werdet meine Zeugen sein ... bis an das Ende der Erde.**

Es geht bei der Taufe in den Heiligen Geist um Kraft für ein effektives, überzeugendes Leben, nicht um eine heilsnotwendige Zusatzerfahrung.

Das Bibelstudium dieses Kapitels soll eine Anleitung sein in die Erfahrung des Heiligen Geistes. Wer den Heiligen Geist schon empfangen hat, soll rückwirkend seine Erfahrung biblisch einordnen können, um Schutz vor Unsicherheit oder Verwirrung zu haben und um Klarheit über die Bedeutung zu gewinnen.

Als allgemeines Prinzip für die Auslegung der Bibel gilt: Alle Schriftstellen zu einem Thema müssen zusammen betrachtet werden.

Luk. 11,13 Der Vater im Himmel gibt seinen Geist *seinen Kindern*.

Joh. 14,17 Die Welt, Unerrettete, können den Heiligen Geist nicht empfangen.

Apg. 2,38 Nach Umkehr zu Jesus Christus und Taufe wird der Heilige Geist als Geschenk verheißen. Daß er aber nicht automatisch bei der Bekehrung empfangen wird, dürfte die Frage des Paulus an eine Gruppe von Gläubigen hinlänglich beweisen:

Apg. 19,2 **... Habt ihr den Heiligen Geist empfangen, nachdem ihr gläubig geworden seid? ...**

Ein häufig gehörter Einwand gegen die Lehre von der Taufe in den Heiligen Geist als gesonderte Erfahrung nach der Bekehrung lautet: „Ich habe doch den Heiligen Geist, denn sonst könnte ich nicht beten, glauben, Kind Gottes sein, Führung erleben u. a .m."

Erfahrungen, und seien sie noch so kostbar und wichtig, müssen im Licht der Bibel bewertet werden.

Bekehrung und Gotteskindschaft sind ein Werk des Heiligen Geistes, und in einer Weise haben wir dann den Heiligen Geist.

Röm. 8,9 **... Wenn aber jemand Christi Geist nicht hat, der ist nicht sein.**

Joh. 20,22 In diesem Sinne empfingen auch die Jünger den Heiligen Geist. Und doch befahl Jesus denselben Jüngern, nach der Himmelfahrt in Jerusalem zu warten auf die Verheißung des Vaters:

Apg. 1,5 **... ihr aber werdet mit** (wörtlich: in) **Heiligem Geist getauft werden nach nicht mehr vielen Tagen.**

Ohne Frage ist Bekehrung und Gotteskindschaft ein Werk des Heiligen Geistes. Aber es ist nicht sein Kommen in ganzer Fülle.

In der Apostelgeschichte finden wir eine Reihe gleichbedeutender, austauschbarer Ausdrücke für die Erfahrung der Taufe in den Heiligen Geist:

Apg. 1,5; 11,16	getauft werden in den Geist
Apg. 2,4	erfüllt werden mit Heiligem Geist
Apg. 8,15	den Heiligen Geist empfangen
Apg. 8,16	der Geist fällt auf jemanden
Apg. 8,18	der Geist wird gegeben
Apg. 19,6	der Heilige Geist kommt auf jemanden

Alle diese verschiedenen Ausdrücke in der Apostelgeschichte stehen nie für den Vorgang der Bekehrung.

In der Apostelgeschichte werden fünf Begebenheiten beschrieben, bei denen Menschen den Heiligen Geist empfangen. Zwischen dem ersten und dem letzten Ereignis liegen etwa 20 Jahre. Das Sprechen in neuen Sprachen wird direkt erwähnt in Apostelgeschichte 2,4 sowie 10,44-47 und 19,6.

Sind nun die Begebenheiten in Apostelgeschichte 8 und 9, bei denen ja das Sprachengebet nicht erwähnt wird, als häufige Ausnahmen anzusehen, die man so deuten könnte, daß in zwei von fünf Fällen von Geistestaufen das Sprachengebet nicht auftritt?

1. Die Kirchenväter bestätigen, daß in Samarien in neuen Sprachen gesprochen wurde.

Apg. 8,18

2. Welches sichtbare Zeichen der Geistestaufe nahm Simon der Zauberer wahr, wenn nicht das Sprachengebet? Freude? Große Freude war in der ganzen Stadt bereits, bevor Gläu-

Apg. 19,6 bige mit dem Heiligen Geist erfüllt wurden. Eine andere Geistesgabe? Jedesmal, wenn überhaupt eine übernatürliche Manifestation des Heiligen Geistes erwähnt wird, ist es das Sprachengebet. Nur einmal kommt Sprachengebet plus Weissagung vor, aber kein einziges Mal nur Weissagung oder andere Geistesgaben allein ohne Sprachengebet.

1. Kor. 14,18 3. Paulus sagt von sich selbst, daß er in Sprachen redet.

Die biblische Geistestaufe ist eine persönliche, spürbare Erfahrung, von der man wissen kann, ob man sie erlebt hat. Das beweist die Frage von Paulus an die Epheser in Apostelgeschichte 19,2.

Apg. 10,45–46
Apg. 11,15–17

Für die jüdischen Gläubigen war das Sprachenreden der Leute von Kornelius der Beweis, daß auch diese den Heiligen Geist empfangen hatten, und zwar so, wie auch sie zu Pfingsten. Zu diesem Schluß kamen sie, obwohl es weder Wind noch Feuerzungen als weitere übernatürliche Manifestationen des Heiligen Geistes gab, wie sie es zu Pfingsten erlebt hatten.

1. Kor. 14,5
Mark. 16,17
1. Kor. 14,14–15

Es ist Gottes Wille, daß jeder Christ in Sprachen redet. Gemäß biblischer Definition ist Beten im Geist gleichzusetzen mit Beten in Sprachen. An anderer Stelle bedeutet dieser Ausdruck „Beten im Geist“ konsequenterweise dasselbe.

Eph. 6,18 Paulus fordert die ganze Gemeinde von Ephesus auf, den Gebetskampf durch Beten im Geist aufzunehmen.

1. Kor. 14,4
Jud. 20

Durch das Beten im Geist werden wir im Glauben auferbaut und erhalten uns in der Liebe Gottes.

1. Kor. 14,14–17
Eph. 5,19

Danksagung und Lobpreis sind weitere Funktionen des Sprachengebetes.

Als Einwand gegen die Lehre, das Sprachengebet sei notwendig für jeden, wird oftmals angeführt, Jesus habe selber nicht in Sprachen geredet. Tatsächlich gibt es dafür keinen Schriftbeleg, aber ohne Frage erwartet er es von all denen, die an ihn
Mark. 16,17 glauben.

1. Kor. 12,30 Auch Paulus wird zitiert, der doch selbst sage, daß nicht alle in Sprachen redeten.

Aber das trifft nicht zu. Paulus widerspräche sich ja selbst in den oben genannten Bibelstellen. Bei der Auflistung in 1. Kor. 12, 28-30 handelt es sich um Dienste und Geistesgaben in der und für die Gemeindeversammlung. Hier hat die Gabe des Sprachenredens im Sinne einer Botschaft für die versammelte Gemeinde ihren Platz und sollte nur im Zusammenspiel mit der Gabe der Auslegung gebracht werden.

Wie kommen wir zur Erfahrung der Taufe in den Heiligen Geist?

Gal. 3,2 (nach Luther)

Der Geist wird empfangen durch die Predigt vom Glauben.

1. Biblische Belehrung mit folgendem Inhalt: Jedes von neuem geborene Kind Gottes kann und soll um den Heiligen Geist bitten und ihn empfangen, ohne eine Zeit der Heiligung, Vorbereitung oder des Wartens zu durchlaufen.

Apg. 2,38
Apg. 8,15
Apg. 19,2

Auf unserer Seite kommt es darauf an, daß wir empfangen, nicht, ob Gott gibt oder nicht.

Glaube ich, daß ich empfange, wenn ich bitte?

Alle Unklarheiten, Vorbehalte, Zweifel oder eigene Vorstellungen müssen vor dem Gebet durch gründliches Studium des Wortes Gottes ausgeräumt werden.

Luk. 11,9–13
Mark. 11,24
1. Joh. 5,14–15

2. Wir bitten in dem Glauben, jetzt zu bekommen und nehmen die Erfüllung mit dem Heiligen Geist jetzt in Anspruch. Wir gehen davon aus, daß unser Gebet wegen der Treue Gottes zu seinem Wort erhört wurde. Wir stützen die Annahme der Gebetserhörung nicht auf Gefühle, weil der Glaube ein Überzeugtsein von Dingen ist, die man nicht wahrnimmt.

Hebr. 11,1

3. Wir danken im Anschluß daran, daß Gott sein Wort gehalten hat und wir den Heiligen Geist empfangen haben.

Jak. 2,17

4. Dem Glauben müssen, damit er nicht fruchtlos bleibt, Taten folgen. Die neue Gebetssprache kommt durch übernatürliche Eingebung des Heiligen Geistes zustande, aber nicht in einem Zustand der Passivität. Unser Willensimpuls, alle sonst üblichen Funktionen des Sprachvorganges zu betätigen, ist der entscheidende Faktor.

Apg. 2,4

Und sie wurden alle mit Heiligem Geist erfüllt und fingen an, in anderen Sprachen zu reden, wie der Geist ihnen gab auszusprechen.

Im Vertrauen, daß der Heilige Geist uns zu Hilfe kommt, wenn wir unseren Teil gemäß dem Wort tun, fangen wir an zu sprechen und erleben so den Fluß der inspirierten Gebetssprache.

Ein häufiges Hindernis ist die Angst, etwas selber zu machen. Dies rührt von einem falschen Verständnis der Gebetssprache her. Wir reden in Sprachen.

1. Kor. 14,14–15

Denn wenn ich in einer Sprache bete, so betet mein Geist... Ich will beten mit dem Geist...

5. Bei Unsicherheiten, Zweifeln oder Anklagen des Teufels halten wir an der Echtheit unserer Erfahrung fest, indem wir uns darauf stellen, daß wir nach dem Wort gehandelt haben und Gott uns gegeben hat gemäß seiner Verheißung.

Wandel im Geist

Als Christ gibt es grundsätzlich zwei verschiedene Möglichkeiten des Lebens im Alltag. Wir können und sollen gemäß unserem neuen Geist leben, was uns beständigen Sieg erleben läßt über das Fleisch, unsere alte Natur.

Gal. 5,16 **Ich sage aber: Wandelt im Geist, und ihr werdet die Lust des Fleisches nicht erfüllen.**

Solange wir in fortwährenden Kampf gegen das Fleisch verwickelt sind, haben wir nicht die Freiheit, zu tun, was wir wollen. (Wir wollen ja das Gute tun, denn unser neues Ich, das nach dem Willen Gottes geschaffen ist, hat Verlangen, Gottes Willen
Röm. 7,22 zu tun.)

Röm. 8,4
Gal. 5,18 Das Wort Gottes zeigt uns, daß ein Leben nach dem Willen Gottes möglich und normal ist, wenn wir nach dem Geist leben und der Herrschaft des Gesetzes entkommen sind.

Gal. 5,22 Leben wir im Geist, so kann dieser sich entwickeln, stark werden und Frucht bringen, nämlich den Charakter Jesu.

Gal. 5,24 Ein wichtiger Schlüssel zum Leben im Geist: Das Fleisch wird gekreuzigt, außer Kraft gesetzt und kraftlos gehalten.

Röm. 8,13 **... denn wenn ihr nach dem Fleisch lebt, so werdet ihr sterben, wenn ihr aber durch den Geist die Handlungen des Leibes tötet, so werdet ihr leben.**

Im Glauben erfassen und halten wir beständig fest, was mit uns durch Christi Tod und Auferstehung geschehen ist.

Diese Tatsachen müssen mit dem Munde bekannt werden.

Unser Geist wird jetzt die bestimmende Instanz unseres Lebens. Falsche Denkweisen und Reaktionsmuster der Seele sollen nach der Bekehrung durch unseren neuen Geist abgelegt bzw. umgeprägt, neue Verhaltensweisen erlernt werden.

Wille, Gedanken, Gefühle und Phantasie sind jetzt unser Arbeitsfeld.

1. Petr. 1,9 Das Ziel des Glaubenslebens ist die Errettung der Seele, das
Jak. 1,21 heißt die Erfahrung aller Segnungen und Geschenke, die Jesus
uns durch das Kreuz erworben hat, im seelischen Bereich.
1. Tim. 1,5 Dieses Ziel ist identisch mit der Aussage, daß das Ergebnis von
biblischer Lehre die Ausgestaltung der Liebe Gottes in unserer
gesamten Persönlichkeit sein wird.

Woher kommt die Kraft für diesen beständigen Prozeß der Erneuerung und Veränderung? Wie wandeln wir im Geist? Wie wird unser Geist die bestimmende Größe unseres Lebens?

Apg. 1,8 Unser Geist muß ständig aufgeladen und erfüllt sein von der Kraft des Heiligen Geistes. Die Kraft des Heiligen Geistes beginnt in uns zu wirken, wenn wir die folgenden praktischen Schritte gemäß Gottes Wort im Alltag gehen:

1. Leben in Wahrheit

Wir entscheiden uns zu Aufrichtigkeit bezüglich Sünde.

1. Joh. 1,9 Sünde zu bekennen heißt, sie so zu nennen, wie Gott sie auch nennt. Der Heilige Geist ist zu uns gesandt, um uns in alle Wahrheit zu leiten. Wenn wir ihn darum bitten, wird er uns gemäß seiner Art sanft und freundlich, aber bestimmt im Herzen von Sünde überführen. Aufrichtigkeit bedeutet nichts anderes, als mit ihm in der Bewertung der Sünde übereinzustimmen.

2. Leben in ständiger Vergebung

1. Joh. 1,9 Jedesmal, wenn wir von Sünde überführt werden, nehmen wir im
Vertrauen auf seine Treue durch Glauben Vergebung in
1. Joh. 5,1–15 Anspruch. Wir wissen, daß Gott unsere Bitte um Vergebung
erhört hat, nicht weil wir es fühlen, sondern weil er es zugesagt
hat. Und wir sollen uns selbst auch vergeben.

3. Leben in ständiger Anbetung

Eph. 5,18 **Und berauscht euch nicht mit Wein, worin Ausschweifung ist, sondern werdet voll Geist, ...**

So, wie ein Lebensstil der Trunkenheit durch Alkohol zersetzende, zerstörerische Kräfte auf die Persönlichkeit und den

Charakter einwirken läßt, entbindet ein beständiges Erfülltwerden mit dem Heiligen Geist aufbauende, heilsame Kräfte. Dieses

Eph. 5,19 Erfülltwerden geschieht unter einer Bedingung: ... **indem ihr zueinander in Psalmen und Lobliedern und geistlichen Liedern redet und dem Herrn in eurem Herzen singt und spielt.**

Wir sollen und können etwas tun, um ständig mit dem Heiligen Geist erfüllt zu sein. Es liegt also allein an uns, ob wir einen Zustrom an göttlicher Energie in unsere Seele hinein erleben oder nicht.

Untereinander und zu sich selbst zu sprechen in Psalmen, Lobliedern und geistlichen Liedern (d. h. in der neuen Gebetssprache), stellen klare Handlungsanweisungen dar.

1. Sam. 23,16 Jonatan stärkte Davids Vertrauen in Gott, indem er ihm Ermutigung gab auf der Ebene von Gottes Verheißungen.

1. Sam. 30,6 David stärkte sich selbst in dem Herrn.

Ps. 27,1–5 In Anbetracht von großer Bedrohung beschäftigt sich David mit dem Herrn und der Sicherheit, die er in ihm hat. Die Erwähnung seiner Feinde geschieht nur in Zusammenhang mit Gottes Verheißungen. David hütet sich davor, die Probleme isoliert zu betrachten, um sich nicht der Angst oder der Verzweiflung zu überlassen.

Damit fährt er fort, bis er auch gefühlsmäßig die Überlegenheit über seine Feinde erlebt und sagen kann:

Ps. 27,6 **Und nun wird mein Haupt sich erheben über meine Feinde rings um mich her.**

Das Neue Testament mißt dem persönlichen Gebet in der vom Heiligen Geist inspirierten Sprache eine große Bedeutung bei.

1. Kor. 14,4 **Wer in einer Sprache redet, erbaut sich selbst;**

Jud. 20 **Ihr aber, Geliebte, erbaut euch auf eurem heiligsten Glauben, betet im Heiligen Geist, erhaltet euch in der Liebe Gottes, ...**

Eph. 5,19 Singen und Saitenspielen im Herzen ist die nächste Handlungsanweisung, um mit dem Heiligen Geist erfüllt zu sein. Diese innere Haltung und Aktivität der Anbetung läßt die Erfrischung, Kreativität und Freiheit der Seele weiter zunehmen.

Eph. 5,20

Sagt allezeit für alles dem Gott und Vater Dank im Namen unseres Herrn Jesus Christus!

Allezeit sollen wir Gott danken für alles, was von ihm kommt. Wir können und sollen nicht Gott danken für negative Dinge vom Teufel, aber in allen Situationen dankbar sein. Auch ohne Gefühle der Dankbarkeit sprechen wir unseren Dank aus als ständige Haltung der Hingabe, Unterordnung und Abhängigkeit. Diese genannten Gehorsamsschritte setzen zunehmend die Kraft des Heiligen Geistes frei, die wir gleich wieder einsetzen für den nächsten Schritt:

Eph. 5,21

Ordnet euch einander unter in der Furcht Christi, . . .

Kol. 3,17

Die Furcht des Herrn ist eine Herzenshaltung, Gott in allem gefallen zu wollen, vor ihm und für ihn leben zu wollen.

Ps. 112
Ps. 34,13–15

Gewaltige Segnungen werden durch sie entbunden.

Kol. 3,22–23
Spr. 29,25
Jer. 17,5–8

Demgegenüber steht der alte Lebensstil der Menschenfurcht und Menschengefälligkeit, das heißt, zu allererst auf Menschen und deren Meinung und Anerkennung ausgerichtet zu sein. Dies bringt zu Fall und führt zu Fluch.

Phil. 4,4

Freut euch im Herrn allezeit! Wiederum will ich sagen: Freut euch!

Solch einen bemerkenswerten Befehl kann nur verstehen und positiv aufnehmen, wem die Erkenntnis von Jesus Christus eine lebendige Realität ist. Nur er erlebt die Kraft, die unser Innenleben derart prägen kann, daß wir nicht mehr von den Umständen bewegt werden, sondern von der Freude über die Herrlichkeit Jesu.

Dieser einzigartige Lebensstil läßt beständig die Kraft des Heiligen Geistes nachfließen und gibt uns Freude am Herrn, Geborgenheit, Wohlbefinden und Kraft. Diese Erfahrung ermöglicht es uns, Enttäuschungen, Verletzungen und Herausforderungen zu ertragen, ohne in Entmutigung und Resignation zu fliehen. Aktives, positives Handeln nach dem Wort Gottes füllt uns aus, so daß kein Platz mehr bleibt für Auflehnung, Ärger, schlechte Laune, Sorgen, Murren, Fluchen oder Verzweiflung.

Gottes Gerechtigkeit

Das größte Hindernis für die Gläubigen, in eine lebendige Beziehung mit dem Herrn zu kommen, ist die Erfahrung von Schuldgefühlen, Unzulänglichkeit und Angst vor Gott. Die motivierende Kraft der Liebe Gottes kann nicht fließen, solange dieses Hindernis besteht.

Die neutestamentliche Lehre von der Gerechtigkeit ist die Lösung dieses Problems. In Gerechtigkeit zu leben hat zur Folge, im richtigen Verhältnis zu Gott zu stehen. Wir wissen, daß wir ihm wohlgefällig sind. Wir stehen ohne ein Bewußtsein von Sünde, Schuld oder Minderwertigkeit vor Gott und können angstfrei seine Liebe genießen.

Im Neuen Testament finden wir zwei voneinander völlig verschiedene Arten von Gerechtigkeit, die auf deutlich unterschiedlichem Weg erreicht werden und auch in ihren Resultaten voneinander abweichen:

Die eigene Gerechtigkeit, die als Lohn durch eigene Anstrengung und Leistung erworben wird.

Röm. 4,4 **Dem aber, der Werke tut, wird der Lohn nicht angerechnet nach Gnade, sondern nach Schuldigkeit.**

Röm. 10,5 **Denn Mose beschreibt die Gerechtigkeit, die aus dem Gesetz ist: „Der Mensch, der diese Dinge getan hat, wird durch sie leben."**

Das Leben, also die Gemeinschaft mit Gott, ist hier eine Folge der selbsterfüllten Gerechtigkeit. Weil die eigene Kraft aber nicht ausreicht und das Gewissen uns wegen unseres ständigen Nichterfüllens verklagt, bleibt es bei dem Nachjagen eines fernen
Röm. 9,31–32 Zieles, das nie erreicht wird. Unentspanntheit, Freudlosigkeit und zunehmende Härte kennzeichnen eine solche Beziehung zum Herrn.

Die Gerechtigkeit Gottes demgegenüber wird uns als Geschenk angeboten.

Röm. 4,5 **Dem dagegen, der nicht Werke tut, sondern an den glaubt, der den Gottlosen rechtfertigt, wird sein Glaube zur Gerechtigkeit gerechnet.**

Der Verzicht auf Werke, um Gott zu gefallen, seine Liebe zu gewinnen oder ihn gnädig zu stimmen, ist der deutlichste Unterschied im Vergleich des biblischen Christentums zu allen anderen Religionen oder auch der christlich-religiösen Tradition.

Der Glaube an den stellvertretenden Tod Jesu und sein Leben vor dem Vater ist die einzige Alternative zu eigener Anstrengung. Durch den Glauben wird uns der Gehorsam Jesu und sein Stand vor dem Vater angerechnet, als hätten wir es selbst erreicht.

Phil. 3,9 **... indem ich nicht meine Gerechtigkeit habe, die aus dem Gesetz ist, sondern die durch den Glauben an Christus, die Gerechtigkeit aus Gott auf Grund des Glaubens ...**

Röm. 5,17 Die Gabe der Gerechtigkeit – ein Geschenk Gottes ohne jegliche Vorbereitung.

Der Glaube, der dieses Geschenk empfangen hat, führt uns durch Bekennen dieser Tatsachen in die neue Erfahrung.

Röm. 10,6 Der aus Glauben gerecht Gewordene spricht.

Röm. 5,1
Röm 5,9 Wir sind gerechtfertigt aus Glauben und durch sein Blut. Im Glauben haben wir also das Blut Jesu anzuwenden und zu bekennen: Wir sind gereinigt von aller Ungerechtigkeit. Wir
1. Joh. 1,7,9 haben nicht nur die Gerechtigkeit Gottes bekommen, sondern sind sogar von unserem neuen Wesen her die Gerechtigkeit Gottes.

2. Kor. 5,21 **Den, der Sünde nicht kannte, hat er für uns zur Sünde gemacht, damit wir Gottes Gerechtigkeit würden in ihm.**

Eph. 4,24 **... den neuen Menschen angezogen habt, der nach Gott geschaffen ist in wahrhaftiger Gerechtigkeit und Heiligkeit.**

So, wie Jesus am Kreuz unsere ungerechte Natur in sich aufnahm, haben auch wir seine gerechte Natur in uns aufgenommen. Niemand, der sauber mit biblischen Begriffen umgeht, wird daraus den Schluß ziehen, daß der Christ aus sich selbst heraus einen Status der Sündlosigkeit erreicht hätte. Die geschenkte Gerechtigkeit Gottes macht uns nicht unabhängig von Gott, sondern vertieft im Gegenteil unser Bewußtsein der totalen Abhängigkeit von ihm. Wenn wir sündigen, dann eben deshalb, weil wir nicht aus der Kraft der Gnade leben.

Off. 12,10–11 Satan verklagt die Gläubigen. Aber sie haben ihn überwunden durch das Blut des Lammes und das Wort ihres Zeugnisses.

Unser Bekenntnis über die Reinigung durch das Blut Jesu ist Satans Niederlage.

Hebr. 9,14 Unser Gewissen kann durch das Blut Jesu gereinigt werden von den toten Werken, die aus Angst oder Schuldgefühlen getan werden, so daß wir eine lebendige Beziehung zu Gott erleben können.

Hebr. 10,19–22 Die Freiheit vom anklagenden Gewissen durch das Blut Jesu gibt uns Kühnheit vor Gott.

Das Leben in der Gerechtigkeit Gottes ist das Ende von Verdammnis, Schuldgefühlen, Unwürdigkeit, Minderwertigkeit, Selbstablehnung, Selbstbestrafung, Selbstüberforderung, Angst vor Fehlern oder Angst, Fehler gemacht zu haben. Ein neues Selbstbild kann jetzt in uns entstehen.

Wir fangen an, uns als geliebt, angenommen, geborgen, wertvoll und bedeutend zu empfinden. Wir können glauben, daß Gott mit uns Gemeinschaft haben will. All dieses wirklich zu *erfahren*, befriedigt unsere Grundbedürfnisse, die in sich nicht schlecht oder verwerflich sind. Wir sind so geschaffen, daß wir nur richtig leben können, wenn wir Liebe und Geborgenheit erleben. Aber Gott selbst muß dieses Bedürfnis erfüllen.

2. Mose 20,2–3 Menschen, Dinge oder eigene Leistungen dürfen nicht zur Quelle unserer Befriedigung werden.

Die Erfahrung von Gerechtigkeit ist Voraussetzung für:

Röm. 5,1	Frieden
Röm. 14,17	Freude
Röm. 8,34–35	Liebe Gottes
1. Joh. 3,19–22 **Jak. 5,16**	Glaube für konkrete Segnungen
Hebr. 10,19	Kühnheit vor Gott
Spr. 28,1	Befreiung von Furcht
Röm. 3,26–28	Befreiung von Stolz, verkehrtem Vertrauen auf eigene Fähigkeiten
Jes. 54,17 **Eph. 6,14**	geistliche Kriegsführung

Unser Leben steuern durch Bekennen des Wortes

Das Wort Gottes legt ein außerordentliches Gewicht auf die Bedeutung unserer Worte.

Jak. 3,4–5a

Siehe, auch die Schiffe, die so groß und von heftigen Winden getrieben sind, werden durch ein sehr kleines Steuerruder gelenkt, wohin das Trachten des Steuermanns will. So ist auch die Zunge ein kleines Glied und rühmt sich großer Dinge.

Die Zunge hat in unserem Leben eine Steuerfunktion. Wer die Zunge regiert, bestimmt den Kurs seines Lebens.

Satan hat größtes Interesse, unsere Zunge zu kontrollieren, indem wir im Alltagsleben seine negative Sprache der Erwartungs- und Hoffnungslosigkeit, Sorgen und Ängste, des Zweifels und Unglaubens sprechen. Indem Satan die Zunge, das Reden eines Menschen kontrolliert, hat er ihn verführt, Zerstörung, Unheil und Fluch selbst herbeizurufen.

Jakobus schreibt der ungeheiligten Zunge tatsächlich diese Fähigkeiten zu:

Jak. 3,6.8

Und die Zunge ist ein Feuer, die Welt der Ungerechtigkeit. Die Zunge zeigt sich unter unseren Gliedern als diejenige, die den ganzen Leib befleckt und den Lauf des Daseins entzündet und von der Hölle entzündet wird. . . . die Zunge aber kann keiner der Menschen bändigen: sie ist ein unstetes Übel, voll tödlichen Giftes.

Wenn es auch den Menschen unmöglich ist, die Zunge zu zähmen, so daß sie kein tödliches Gift mehr weitergibt, so ist es doch möglich für Gott, seine Kinder von dem Zwang der Selbstzerstörung zu erlösen.

Dieselbe Steuerfunktion der Zunge finden wir auch im Alten Testament mit klaren, drastischen Worten beschrieben.

Spr. 18,20–21

Von der Frucht des Mundes eines Mannes wird sein Inneres satt, am Ertrag seiner Lippen ißt er sich satt. Tod und Leben sind in der Gewalt der Zunge, und wer sie liebt, wird ihre Frucht essen.

Unsere Worte bringen uns Erträge, von denen wir dann leben müssen.

Spr. 13,2 **Man kann von der Frucht seines Mundes Gutes essen ...**

Spr. 12,14 **Von der Frucht seines Mundes kann man sich satt essen an Gutem ...**

Spr. 21,23 **Wer seinen Mund und seine Zunge bewahrt, bewahrt vor Nöten seine Seele.**

Spr. 13,3 **Wer seinen Mund behütet, bewahrt sein Leben; wer seine Lippen aufreißt, dem droht Verderben.**

Spr. 18,7 **Der Mund des Toren wird ihm zum Verderben, und seine Lippen sind eine Falle für seine Seele.**

Bei all den schönen Aussagen der Heiligen Schrift, daß Gott als unser Vater uns beschützt und bewahrt, legt sie doch eine große Verantwortung auf uns. Die Bewahrung Gottes geschieht nicht automatisch, sondern unter der Voraussetzung, daß wir den biblischen Anweisungen für das Alltagsleben folgen.

Ps. 34,13–14 **Wer ist der Mann, der Lust zum Leben hat, der seine Tage liebt, um Gutes zu sehen? Bewahre deine Zunge vor Bösem und deine Lippen vor betrügerischer Rede ...**

Jesus lehrte in der gleichen Weise über die produktive Kraft der Worte:

Matth. 12,34b–37 **Denn aus der Fülle des Herzens redet der Mund. Der gute Mensch bringt aus dem guten Schatz Gutes hervor, und der böse Mensch bringt aus dem bösen Schatz Böses hervor. Ich sage euch aber, daß die Menschen von jedem unnützen Wort, das sie reden, Rechenschaft geben müssen am Tag des Gerichts; denn aus deinen Worten wirst du gerechtfertigt werden, und aus deinen Worten wirst du verdammt werden.**

Die Gedanken, die unser Herz füllen, kommen als Worte heraus und bewirken je nach ihrer Art Gutes oder Böses.

Unsere Worte bestimmen unsere Zukunft!

Spr. 6,2 Du bist verstrickt durch die Worte deines Mundes!

4. Mose 14,28 (nach Luther) **Darum sprich zu ihnen: So wahr ich lebe, spricht der HERR: ich will mit euch tun, wie ihr vor meinen Ohren gesagt habt.**

Gott handelte nach diesem Grundsatz mit seinem Volk, das sich
gegen seine Verheißungen gestellt hatte. Es bekam das, wozu es
sich festgelegt hatte und starb in der Wüste. Auch Josua und
Kaleb, die dieselben Probleme angeschaut hatten wie die rest-
lichen zehn Kundschafter, bekamen, was s i e ausgesprochen
4. Mose 14,9 hatten. Sie gelangten in das gelobte Land hinein. Ihre Worte
kamen eben aus einem Herzen, das mit den Verheißungen
Gottes gefüllt war.

Jes. 44,26 Weil Gott ein Herr ist, der das Wort seines Dieners wahr macht und bestätigt, handelt er auch heute noch so mit uns:

Gal. 6,7b **Denn was ein Mensch sät, das wird er auch ernten.**

Damit wir den Segen Gottes ernten, sollen wir beständig den
Luk. 8,11 guten Samen des Wortes Gottes aussäen und werden aufge-
fordert, am Bekenntnis festzuhalten (griechisch: homologeo –
dasselbe sagen wie).

Hebr. 10,23 **Laßt uns das Bekenntnis der Hoffnung unwandelbar festhalten – denn treu ist er, der die Verheißung gegeben hat – ...**

Hebr. 4,14 Wir dürfen und sollen über uns dasselbe sagen, was auch Gott über uns in seinem Wort sagt. Die ungeheuer weitreichenden Aussagen über die neue Identität in Christus werden von uns ergriffen und bekannt, auch wenn sie noch nicht unserer Erfahrung entsprechen. Das Festhalten an der Wahrheit Gottes führt uns in die Erfahrung.

Röm. 10,10 **... mit dem Mund wird bekannt zum Heil.**

Durch unseren Glauben und unser Bekenntnis bekommt Gott
die Möglichkeit, uns in die jeweilige Erfahrung zu führen. Des-
4. Mose 14,9 halb bekennen wir wie Josua und David das Wort, bevor wir es
1. Sam. 17,45–47 erleben.

Apg. 27,25 **... Denn ich vertraue Gott, daß es so sein wird, wie zu mir geredet worden ist.**

Durch fortwährendes Aussprechen des Wortes Gottes wird dieses in uns wirksam, beseitigt alte, zerstörerische Gewißheiten über uns und baut eine neue, den Tatsachen der Erlösung entsprechende Sicht von uns selbst auf.

Jes. 43,3–4
Joh. 15,9
Jes. 12,2
2. Tim. 1,7
Phil. 4,13

Wir erleben uns dann tatsächlich als wertvoll in den Augen Gottes, bedingungslos geliebt und angenommen, gegründet in Sicherheit. Wir bekommen Mut und Kraft und sind fähig zu allem, was Gottes Wille für uns ist.

Die biblische Wahrheit, daß wir unsere Zukunft zwangsläufig so erleben werden, wie wir sie in unserem Herzen glauben und innerlich sehen, wird durch die Lehre vom Bekennen des Wortes Gottes zu einer ungeheuer freisetzenden und motivierenden Botschaft.

Spr. 4,20–24

Mein Sohn, auf meine Worte achte, meinen Reden neige dein Ohr zu! Laß sie nicht aus deinen Augen weichen, bewahre sie im Innern deines Herzens! Denn Leben sind sie denen, die sie finden, und Heilung für ihr ganzes Fleisch. – Mehr als alles, was man sonst bewahrt, behüte dein Herz! Denn in ihm entspringt die Quelle des Lebens. – Laß weichen von dir die Falschheit des Mundes und die Verdrehtheit der Lippen entferne von dir!

Vor und nach dieser Aufforderung, unser Herz mehr als alles andere zu behüten, stehen ganz praktische Anweisungen, wie das zu geschehen hat: intensives Leben mit Gottes Wort und Abstand von aller Verkehrtheit in unserem Reden. Nur wer sich diesem Lebensstil verpflichtet hat, entdeckt, wieviel Verkehrtes bisher aus seinem Mund kam und oft noch kommen will. Der Kampf um die Füllung unseres Herzens gegen die Botschaften unserer alten Gedanken, der Umwelt und der Statistik ist nur zu gewinnen, wenn man ein Leben mit dem Wort führt, wie es oben beschrieben wurde.

Jak. 1,22–26

Der Täter des Wortes entdeckt nicht nur kurzzeitig seine neue Identität, sondern bleibt dabei und zerstört dieses Bild von sich selbst nicht wieder durch zügelloses Reden. Deshalb erlebt er den Segen.

Ein häufig gehörter Einwand gegen das Bekennen des Wortes ist der, daß es sich dabei ja lediglich um eine Psychotechnik im Sinne des positiven Denkens handele.

Mag es auch auf den ersten Blick ähnlich erscheinen, so liegen zwischen der „Macht des positiven Denkens“ und dem Bekennen des Wortes Gottes doch Welten:

Wir denken uns ja nicht irgend etwas Schönes oder Beruhigendes aus, sondern wir haben grundsolide, objektive Tatsachen als Fundament:

Gott ist unser mächtiger Partner, der gute Absichten mit uns hat. Er, der nicht lügen kann, hat wunderbare, menschlich unfaßliche Aussagen über das gemacht, was mit uns durch das Kreuz Christi geschehen ist und was er uns verheißen hat. Diese Worte sind Geist und göttliches Leben, also von vornherein total anders als alle anderen Worte, und sie wirken in uns befreiend und Vertrauen aufbauend.

Gott selbst befiehlt uns an vielen Stellen in seinem Wort, wie wir mit seinen Aussagen und Verheißungen umgehen sollen.

Wer mechanisch, ohne eine hingegebene Beziehung zu Jesus Christus und ohne Erkenntnis der besonderen Natur des Wortes Gottes, biblische Worte hersagt, wird wohl nicht viel dabei erleben.

Weil Gott die Wahrheit ist, hat er alleine das Recht zu sagen, wer und was wir durch das Kreuz Jesu sind. Wir sind das, was er sagt, daß wir sind. Unser Bekenntnis der Wahrheit führt unser Bewußtsein in die Realität der Erlösung. Wir sind also das, was wir bekennen. Wir haben und können, was wir auf der Ebene von Gottes Wort bekennen. Diese neue Art des Sprechens muß unbedingt unseren Alltag durchdringen und darf nicht lediglich im abgegrenzten frommen Bereich stattfinden, der dann in totalem Gegensatz zu unserem wirklichen Leben steht.

Befreiung von der Vergangenheit

Das Leben unter der Herrschaft des Teufels, bevor wir Jesus als neuen Herrn annahmen, hat uns geprägt und verformt.

Joh. 10,10
Spr. 5,22

Jesus beschreibt das Handeln des Teufels an den Menschen mit den Worten „stehlen, würgen, umbringen“. Sünde kann zu Stricken geworden sein, die uns gebunden halten.

2. Tim. 2,26

... und sie wieder aus dem Fallstrick des Teufels heraus nüchtern werden, da sie von ihm für seinen Willen gefangen worden sind.

1. Joh. 3,8b

Hierzu ist der Sohn Gottes geoffenbart worden, damit er die Werke des Teufels vernichte.

Aus der Seelsorge wissen wir, daß mit der Bekehrung und der echten Erfahrung der Errettung in vielen Fällen nicht schlagartig und automatisch alle Einflüsse und zerstörerischen Wirkungen Satans im Leben des Gläubigen beendet sind. Dieses Kapitel soll einen Überblick über die Vorgehensweise bei dämonischen Gebundenheiten verschaffen.

Folgende Merkmale sind Werke des Teufels im seelischen Bereich und können Hinweise auf dämonische Besetzung sein:

Zwänge jeder Art in Gedanken, Handlungen oder Phantasie, z. B. Unreinheit, Lästergedanken, abnormer Zweifel, Unglaube, Diebstahls-, Lügen-, Zähl- oder Kontrollzwänge, Süchte (Drogen, Alkohol, Nikotin, Tabletten, Essen, Süßigkeiten, Selbstbefriedigung).

Ängste (krankhafte Angst vor engen Räumen, offenen Plätzen u. a. m; Alpträume).

Wahnvorstellungen, Halluzinationen, Stimmen hören, Ekel vor normalen Dingen.

Depressionen, Verzweiflung, Traurigkeit als Grundstimmung, Todessehnsucht, Selbstmord, Selbstverstümmelung, Magersucht.

Zwanghafte Charaktereigenschaften: Streit, Zorn, Haß, Kritiksucht, Verachtung, Neid, Eifersucht, Sorge, Abgelehntsein, Selbstablehnung, Angst vor Ablehnung, Beherrschen, Manipulieren, Rebellion u. ä.

Manche Gläubige erleben diese Dinge an und in sich und werden obendrein gequält von Anklage und Verdammnis. Diese Blockaden und Fesseln müssen niedergerissen werden, damit diese Geschwister Wachstum in Charakter und Lebensstil sowie Erfüllung im Leben mit dem Herrn erleben können.

Weil das Thema „Dämonische Gebundenheit und Befreiung" erfahrungsgemäß eine starke Tendenz hat, sich zu verselbständigen und oftmals zu unausgeglichenen Anschauungen und Praktiken führt, kann nicht oft genug betont werden:

Befreiung geschieht durch ein Leben im Gehorsam gegenüber dem Wort Gottes. Nicht die Vollmacht oder die Einsicht des Seelsorgers in Zusammenhänge entscheiden, ob Befreiung geschieht oder nicht, sondern die Willigkeit des Hilfesuchenden, Liebe zu Gottes Wahrheit anzunehmen und anzuwenden.

Joh. 8,31b–32

Wenn ihr in meinem Wort bleibt, so seid ihr wahrhaft meine Jünger; und ihr werdet die Wahrheit erkennen, und die Wahrheit wird euch frei machen.

Ps. 81,14–15

O daß mein Volk auf mich hörte, Israel in meinen Wegen wandelte! Bald würde ich ihre Feinde beugen, meine Hand wenden gegen ihre Bedränger.

Ps. 107,10–16
5. Mose 28,15–18

Die Bedingung, unter der Gott eingreift und sein Volk befreit, ist Gehorsam. Diese Tatsache wird durch viele Aussagen im Alten und Neuen Testament belegt.

5. Mose 30,1–3

Und es wird geschehen, wenn ... du umkehrst zum HERRN, deinem Gott, und seiner Stimme gehorchst nach allem, was ich dir heute befehle, ... mit deinem ganzen Herzen und mit deiner ganzen Seele, dann wird der HERR, dein Gott, dein Geschick wenden und sich über dich erbarmen.

1. Petr. 3,8–12
Eph. 6,1–3

Praktischer Gehorsam im Alltag bringt Wohlergehen und gute Tage.

Dies ist nicht so zu verstehen, daß Gott von uns verlangt, mit heroischen Anstrengungen selbst aus der Gefangenschaft auszubrechen, sondern wie im obigen Wort Jesu aus Joh. 8,32 ist das Bleiben an der Rede Jesu, also täglicher Fleiß, der entscheidende Faktor. Wer die bisher aufgezeigten Schritte im Umgang mit dem Wort Gottes nicht praktiziert und im Alltag nicht im Heiligen Geist wandelt, wird häufig auch gar nicht die geistliche Sensibilität bekommen, dämonische Einflüsse zu erkennen.

Wer dämonisch gequält wird und sich immer nur mit der eigenen Vergangenheit und der seiner Familie beschäftigt, also mit der Frage, wo die Dämonen in sein Leben kamen, wird wohl in der Befreiung nicht weit kommen. Die entscheidende Frage ist doch die: Wieso sind diese zerstörerischen Kräfte trotz des Sieges Jesu über Satan am Kreuz und trotz der Autorität des Kindes
Joh. 1,12 Gottes durch den Namen Jesu immer noch da?

Es muß also im Leben des Betreffenden ein Grund dafür vorhanden sein. Der Teufel hat durch Sünde ein Anrecht zu wirken. Wer hier voreilig für den Hilfesuchenden Partei ergreift und meint, weder er noch irgendein Gläubiger würde wohl freiwillig dem Teufel in seinem Leben Raum geben, sollte folgende Aussage von Paulus beachten:

Eph. 4,27 **. . . gebt dem Teufel keinen Raum.**

Die im Anschluß aufgeführten Verhaltensweisen im zwischenmenschlichen Bereich sind doch deutlich unauffälliger als jene groben, offensichtlichen Sünden, die wir bislang als alleinige Eintrittspforten für dämonische Kräfte ansahen.

Folgende Lebensbereiche müssen vom Heiligen Geist beleuchtet und bearbeitet werden, damit Befreiung erfahren und behalten wird:

1. Bekennen und gegebenenfalls Wiedergutmachung von Tatsünden

2. Gewährung von Vergebung für andere, die uns verletzt haben

3. Rebellion

4. Stolz

Ungeklärte Sünden in diesen Bereichen können den dämonischen Kräften das offizielle Recht geben, ihr zerstörerisches Werk fortzusetzen. Gehen wir hier aber konkrete Gehorsamsschritte, nachdem der Heilige Geist uns in Wahrheit geführt hat, verlieren sie ihr Anrecht und wir können die feindlichen Kräfte allein oder unter Mithilfe anderer im Namen Jesu bleibend vertreiben.

Gal. 5,19–21 Nicht die besiegten Dämonen sind also das Problem, sondern unser ungeheiligter Lebensstil. Die Werke des Fleisches sind der Nährboden, auf dem die finsteren Kräfte gedeihen.

Im folgenden wollen wir den Bereich der Tatsünden beleuchten. Bitterkeit, Rebellion und Stolz werden in den beiden nächsten Kapiteln behandelt.

Eph. 5,11–14a **Und habt nichts gemein mit den unfruchtbaren Werken der Finsternis, sondern stellt sie vielmehr bloß; denn was heimlich von ihnen geschieht, ist selbst zu sagen schändlich. Alles aber, was bloßgestellt wird, das wird durchs Licht offenbar; denn alles, was offenbar wird, ist Licht.**

Spr. 28,13 **Wer seine Verbrechen zudeckt, wird keinen Erfolg haben; wer sie aber bekennt und läßt, wird Erbarmen finden.**

Folgende Sünden, auch aus der Zeit vor der Bekehrung, sollten einmal vor einem Menschen bekannt werden, um das Geheimnis mit der Finsternis zu brechen:

5. Mose 18,10–14 Okkulte Praktiken, d. h. allgemein jede Suche nach übernatürlichen Kräften, Fähigkeiten, Einsichten und Erfahrungen außerhalb des klar abgegrenzten biblischen Rahmens und ohne eine persönliche Beziehung zu Jesus.

Der übernatürliche Bereich wird gesucht wegen des Verlangens nach Macht über Menschen und Umstände und gehört zum Machtbereich Satans. Zu diesem uns ausdrücklich verbotenen Bereich zählen u.a.:

Astrologie, Wahrsagen, Besprechen, Pendeln, Hypnose, Akupunktur, Zauberei, Homöopathie, Drogen, Yoga, Meditation, Eurhythmie, östliche Religionen, christliche Sekten, Kontakt mit dem Teufel oder Geistern, Spiritismus, Totenbefragung, durchs Feuer gehen.

Ferner gehören dazu:

asiatischer Kampfsport wie Karate, Kung Fu, Taekwondo, Parapsychologie, z.T. auch moderne Psychotherapien wie z.B. bioenergetisches Training;

Mord, Gewalttägigkeit, Abtreibung, Betrug, Lüge, Diebstahl, Herrschen über Menschen;

sexuelle Perversionen: Inzest, Sodomie, Homosexualität, Vergewaltigung, Masochismus, Sadismus, sexueller Kontakt zu Geistern oder Toten, Selbstbefriedigung.

Weitere Einfallstore für dämonische Kräfte stellen dar:

Schockerlebnisse, z.B. Unfall, Miterleben von heftigem Streit der Eltern, Paniksituationen; bestimmte Sünden der Vorfahren wie Okkultismus, Götzendienst, Nazitum;

finstere Einflüsse, denen wir uns bewußt oder unbewußt hingeben, also nicht nur ihnen ausgesetzt sind, sondern sie genießen, wie z .B. satanische Rockmusik, Filme oder Literatur.

Notwendige Schritte aus der Bindung heraus sind:

1. Bekennen der Schuld vor Gott in Gegenwart eines Seelsorgers.

2. Bekennen und Abkehr von Haltungen wie „nicht vergeben wollen“, Rebellion und Stolz sowie Widerruf aller falschen Festlegungen, Versprechen und Gelübde.

3. Vernichtung aller Gegenstände, die mit der Sünde zu tun haben, totales Brechen aller Beziehungen zu Menschen und Kreisen, die den bisherigen sündigen Lebensstil pflegen.

4. Befehl im Namen Jesu an die dämonischen Kräfte zu weichen.

Befreiung kann wieder verloren gehen, wenn man vorsätzlich in die Sünde zurückkehrt, die zur Besetzung geführt hat. Auch wer sich der Angst hingibt, daß die Kräfte wiederkommen könnten, statt jetzt voller Glauben voranzugehen, begibt sich aus dem göttlichen Schutz heraus.

Luk. 11,24–26 Die Fülle des Heiligen Geistes bietet einen wichtigen Schutz vor den Kräften, die zurückkehren möchten.

Bitterkeit und Vergebung

Nicht gewährte Vergebung bei erlittenen seelischen Verletzungen hat Bitterkeit, Empfindlichkeit oder gar Haß zur Folge. Bitterkeit bindet uns an die Person, der wir nicht vergeben haben und läßt oftmals bei uns die Eigenschaften entstehen, unter denen wir bei der jeweiligen Person gelitten haben. Die Tatsache des Festhaltens am Nicht-vergeben-Wollen hindert den Herrn, uns zu vergeben und zu heilen. Wenn wir anderen nicht vergeben, wird der Herr uns auch nicht vergeben.

Mark. 11,25 **Und wenn ihr steht und betet, so vergebt, wenn ihr etwas gegen jemand habt, damit auch euer Vater, der in den Himmeln ist, euch eure Übertretungen vergebe.**

Matth. 18,21–35 Die unbarmherzige Weigerung, anderen zu vergeben, nachdem wir aber selbst für uns Vergebung beansprucht haben, macht nicht nur die uns geschenkte Vergebung rückgängig, sie bringt uns obendrein noch in ein Gefängnis, wo wir von Folterknechten (d. h. dämonischen Kräften) geplagt werden. Die einzige Person, die uns aus einem derartigen Gefängnis herausholen kann, sind wir selbst – durch Gewähren von bislang vorenthaltener Vergebung. Das Nichtgewähren von Vergebung kommt in den Auswirkungen einem Pakt mit dem Teufel gleich.

Eph. 4,27.31 Paulus warnt davor, dem Teufel Raum zu geben. In der Aufzählung der Verhaltensweisen, die ihm Raum geben, findet sich unter anderem Bitterkeit.

Matth. 18,27 Vergeben ist eine ganz konkrete Handlung. . . . **(er) gab ihn los und erließ ihm das Darlehen.** Die Bedeutung des Wortes „losgeben" im Griechischen ist freisetzen, jemanden von einer Sache befreien.

Luk. 6,37b **Laßt los, und ihr werdet losgelassen werden.**

Das Wort „erlassen" aus Matthäus 18,27 bedeutet „gehen lassen, wegschicken, entlassen" (wie z. B. in Matth. 13,36).

Vergeben bedeutet, das Recht auf Rache und Forderung von Wiedergutmachung wegzugeben, die Person loszulassen und deren Schuld wegzuschicken. Wir entscheiden uns, die betreffende Person so zu behandeln, als hätte sie uns nicht verletzt.

Merkmale von nicht gewährter Vergebung:

negative, scharfe Worte über die betreffende Person
Vorwürfe
Anklage
Abneigung
Meiden
negative Erwartungen
Verweigerung, Liebe zu geben, z. B. Umarmung
schmerzende Erinnerungen.

Zuerst gewähren wir Vergebung für Verletzungen aus unserer Vergangenheit, Kindheit und Jugend. Dann können wir auch einen Lebensstil der Vergebung in der Gegenwart einüben.

Im folgenden sieben praktische Schritte des Vergebens:

1. Wir suchen nicht in uns selbst nach einer Haltung des Nichtvergeben-Wollens, sondern sehen davon weg und schauen auf Jesus. Wir bitten ihn im Glauben, dies aufzudecken. Der biblische Umgang mit dem Wort ist unbedingte Voraussetzung dafür, diese uns bisher oft verborgene Fehlhaltung wahrzunehmen.

Joh. 8,32

2. Wir vergeben nicht einfach pauschal, z. B. unseren Eltern, sondern durchbeten jede einzelne Situation, die uns bewußt wird, und bekennen auch unsere eigene Schuld und Mangel an Vergebung.

3. Wir entscheiden uns mit unserem Willen, die Person, die uns verletzt hat, jetzt freizusetzen. Eine bildhafte Vorstellung davon, wie in Matthäus 18,27 geschildert, kann sehr hilfreich sein.

4. Wir entscheiden uns zu glauben, daß die Person uns nicht verletzt hätte, wenn sie gewußt hätte, wie sehr sie uns verwunden würde.

5. Wir entscheiden uns, die Schwächen, Bedürfnisse und Verletzungen desjenigen zu sehen und anzuerkennen, der uns verletzt hat.

6. Wir danken Gott, daß er die Person genauso liebt wie uns. Das wird unsere Gefühle mit der Zeit verändern.

Hiob 42,10

7. Wir nehmen uns regelmäßig Zeit, für die Person zu beten, sie zu segnen und ihr praktisch zu dienen.

Die von uns gewährte Vergebung ermöglicht es dem Herrn, uns aus dem Bereich des Fluches und der Zerstörung herauszuholen und unsere Verwundungen und schmerzenden Erinnerungen zu heilen.

Mit Jesus können wir zu den bedrohlichen, demütigenden, schamvollen Bildern in unserer Erinnerung gehen und diese negativen Bilder entschärfen und positiv verändern. Allerdings sollten wir es dem Heiligen Geist überlassen, uns diese Erinnerungen zu zeigen und nicht ständig selbst danach suchen.

Nach Vergebung und Heilung der Erinnerung können wir unsere Phantasie auf der Grundlage von Gottes Wort benutzen, um uns ein neues Bild von uns selbst zu geben, so wie Gott uns auch sieht.

Unser Leben wird nicht von den Umständen bestimmt, sondern von dem Bild, das wir von uns selbst haben.

Verbindliches Leben in der Gemeinde – Gottes Weg zur Freiheit

Eine Entscheidung, mit der man Jesus Christus als Retter und Herrn annimmt, ist nach der Bibel auch gleichzeitig eine Entscheidung für ein Leben in einer neutestamentlichen Gemeinde.

Apg. 2,41

Die nun sein Wort aufnahmen, ließen sich taufen; und es wurden an jenem Tag etwa dreitausend Seelen (zur Gemeinde) **hinzugetan.**

Matth. 18,17
Jak. 5,14

Auch bei Jesus und Jakobus wird deutlich, daß ein Christ in einer Gemeinde zu leben hat.

Gottes Ordnung für die Gemeinde und das Leben in der Gemeinschaft mit unseren Brüdern und Schwestern zu kennen und anzunehmen ist die Voraussetzung eines inneren Heilungsprozesses. Das Ziel ist der Charakter Jesu, der immer deutlicher in uns Gestalt annehmen soll.

1. Tim. 1,5

Das Endziel des Gebotes aber ist Liebe aus reinem Herzen und gutem Gewissen und ungeheucheltem Glauben.

1. Joh. 4,20

Unsere Liebe zu Gott muß sich in den Beziehungen zu den Glaubensgeschwistern widerspiegeln, sonst ist sie nur eine fromme Flucht.

Soll die Gemeinschafts- und Liebesfähigkeit in uns wachsen, muß als Voraussetzung eine Heilung von Ablehnung und Selbstablehnung stattfinden.

Entscheide dich, dich selbst anzunehmen und mit der Liebe Gottes zu lieben, die immer mit Wahrheit verbunden und deshalb keine Selbstverhätschelung ist.

Höre auf, dich selbst zu unterdrücken und zu überfordern. Vergib dir selbst. Deine Fehler und dein Versagen bedeuten nicht, daß du wertlos bist. Du bist nicht, was du tust.

Veränderung unserer inneren Haltung zu uns selbst und zu anderen gemäß der Haltung Jesu bringt seelische Heilung und Befreiung.

Matth. 11,28–30 **Kommt her zu mir, alle ihr Mühseligen und Beladenen, und ich werde euch Ruhe geben. Nehmt auf euch mein Joch, und lernt von mir, denn ich bin sanftmütig und von Herzen demütig, und ihr werdet Ruhe finden für eure Seelen, denn mein Joch ist sanft, und meine Last ist leicht.**

Das Erlernen von Sanftmut und Demut wird belohnt mit Ruhe und Unbeschwertheit. Und weil diese bedeutsamen Qualitäten so schnell durch menschliche Interpretation verbogen werden, sollen wir sie von Jesus persönlich lernen.

Die Veränderung unseres Lebensstils von Rebellion zu Sanftmut, und von Stolz zu Demut schafft Voraussetzungen für bleibende Freiheit. Räuberische satanische Kräfte verlieren das offizielle Recht, uns zu belästigen.

Rebellion als Gegenteil von Sanftmut ist eine Haltung der Auflehnung, des Aufbegehrens gegen Ordnung und Autorität, von Eigenwilligkeit und Aggressivität, Bedrücken, Beherrschen und Manipulieren.

Jes. 14,12–14 Rebellion ist die Haltung des Teufels, die er auch in der ganzen Welt durchsetzen will.

Dieser Lebensstil schafft nicht nur Probleme für die anderen, sondern auch für den Rebellen selbst.

Ps. 107,10–11 **Die Bewohner der Finsternis und des Todesschattens lagen gefesselt in Elend und Eisen: denn sie waren widerspenstig gewesen gegen die Worte Gottes und hatten verachtet den Rat des Höchsten.**

Jer. 2,17–20 Unabhängigkeit und Widerstand gegen Ordnungen des Lebens sind der Grund für Unglück.

Spr. 17,11 **Nur Aufruhr sucht der Böse, aber ein grausamer Bote wird gegen ihn gesandt.**

Jer. 17,5–8 Sich abhängig machen von Menschen und sie zur Quelle unserer Hilfe oder unserer Bestätigung zu wählen, setzt uns dem Fluch aus, weil dieses Verhalten mit Götzendienst identisch ist. Der Heilige Geist muß uns die Augen auftun, um dieses für Unkundige oft harmlose und unscheinbare Verhalten zu entdecken.

Der Zusammenhang zwischen liebevollem, barmherzigem Verhalten und seelischem Wohlergehen, Heilung und Gebetserhörungen wird uns deutlich in folgender Textstelle vor Augen geführt:

Jes. 58,6–9 **Ist nicht vielmehr das ein Fasten, an dem ich Gefallen habe: Ungerechte Fesseln zu lösen, die Knoten des Joches zu öffnen, gewalttätig Behandelte als Freie zu entlassen und daß ihr jedes Joch zerbrecht? Besteht es nicht darin, dein Brot dem Hungrigen zu brechen und daß du heimatlose Elende ins Haus führst? Wenn du einen Nackten siehst, daß du ihn bedeckst und daß du dich deinem Nächsten nicht entziehst?**

Dann wird dein Licht hervorbrechen wie die Morgenröte, und deine Heilung wird schnell sprossen. Deine Gerechtigkeit wird vor dir herziehen, die Herrlichkeit des HERRN wird deine Nachhut sein. Dann wirst du rufen, und der HERR wird antworten. Du wirst um Hilfe schreien, und er wird sagen: Hier bin ich!

Jes. 58,10–12 In den weiteren Versen geht der Prozeß der Heilung sogar so weit, daß wir zu einer Hilfe für andere werden. Der Strom von Segnungen, der durch ein Leben in göttlicher Sanftmut und Barmherzigkeit ausgelöst wird, hört nicht mehr auf zu fließen.

Stolz kennzeichnet ein Leben in der Lüge. Die Abhängigkeit von Gott wird faktisch geleugnet, weil man meint, aus eigenen Quellen leben zu können, oder tatsächlich erfahrene Geschenke des Herrn werden anschließend vor anderen als eigene Leistung ausgegeben. Stolz äußert sich in Überheblichkeit, Ehrgeiz, Überlegenheitsgefühlen und darin, daß man Ehre von Menschen sucht. Der Stolze kann und will Beiträge anderer nicht anerkennen oder loben, besonders wenn sie unter seinem Niveau sind. Er will Lob und Liebe nicht ehrlich annehmen, richtet und verachtet andere, sucht und findet Fehler bei anderen, kann eigene Fehler nicht eingestehen und reagiert empfindlich auf Kritik.

Wer unabhängig lebt, wird auch nicht treu sein können. Und doch ist es gerade diese eher unscheinbare Eigenschaft, die der Herr
Ps. 101,6 so sehr sucht bei uns, auf die er reagiert. Segnungen, Wachstum in neue Fähigkeiten und Beförderung gibt der Herr als Beloh-
2. Tim. 2,2 nung für Treue.

Matth. 25,21 **... Über weniges warst du treu, über vieles werde ich dich setzen; ...**

Von Jesus können wir Liebe zur Wahrheit bekommen und Demut lernen, die frei ist von religiöser Unechtheit und Kitschigkeit.

Die Bereitschaft, mit anderen in Familie und Gemeinde nach diesen biblischen Prinzipien zu leben, sowie erkennbare praktische Schritte in diese Richtung sind die Voraussetzung für Gottes Wirken an uns. Dem Feind wird das Recht entzogen, uns weiterhin zu quälen, weil wir nicht länger faktisch mit ihm kooperieren.

Jak. 4,6–7 **... Gott widersteht den Hochmütigen, den Demütigen aber gibt er Gnade. Unterwerft euch nun Gott! Widersteht aber dem Teufel, und er wird von euch fliehen.**

Evangelisation im Alltag

2. Kor. 5,20 Als Christen sind wir jetzt Botschafter an Christi Statt, also Stellvertreter Christi. Wir vertreten und repräsentieren das Reich Gottes und das Leben in seiner Güte.

Je mehr wir selbst die Erlösung ausleben und genießen, um so natürlicher und überzeugender ist unser Auftreten. Wir brauchen nicht zuallererst neue Methoden, sondern ein neues, biblisches Bewußtsein: Gott lebt in uns und redet und handelt durch uns.

Du bist, was Gott über dich sagt – nicht was deine Gefühle und Erfahrungen dir sagen.

Du kannst tun, was Gott sagt. Du kannst, denn Gott hat gesagt: du sollst.

Noch bevor du etwas tust, sprich von dem, was du durch Christus in dir kannst und was du tun wirst.

Matth. 28,18–20
Matth. 24,14
Eph. 6,15

Als Christen ist es unser Auftrag, das Evangelium vom Reich Gottes bis ans Ende der Welt zu verbreiten.

Als einzelne haben wir Verantwortung dafür und sollen daran beteiligt sein, und zwar auf verschiedenen Ebenen:

Gebet
Unterstützung von Missionaren
persönliche Evangelisation im Alltag.

Entwickle und behalte eine große Liebe zum Herrn und zu seiner Botschaft! Denke über die Botschaft des Evangeliums immer wieder nach und vergegenwärtige dir, was sie in Menschen zu
Röm. 1,16 tun vermag.

Joh. 17,20
Apg. 11,14

Gottes Methode: Sein Wort aus deinem Mund rettet Menschen.

Bekenne, was Gottes Wort aus deinem Mund tun wird. Paulus
2. Tim. 1,8 gibt an Timotheus den Befehl, sich des Zeugnisses von Jesus nicht zu schämen, aber er sagt auch, wie er selbst verkehrte Scham bezüglich des Bekennens seines Glaubens abgelegt hat:

2. Tim. 1,12 **... ich schäme mich nicht, denn ich weiß, wem ich geglaubt habe, und bin überzeugt, daß er mächtig ist ...**

Lebendige Erkenntnis des Herrn verwandelt uns, und wir kommen von Menschenfurcht und Stolz zu Freiheit und Kühnheit.

Zu der alltäglichen Erfahrung, immer wieder vom Heiligen Geist erfüllt zu werden, kommt etwas Entscheidendes hinzu: Wir legen uns fest, daß wir Menschen auf Jesus hin ansprechen werden. Jesus vor den Menschen zu bekennen ist Sieg über Angst und Stolz. Richtig zu leben ersetzt nicht das Aussprechen.

Deine alltägliche Umgebung muß wissen, daß du Christ bist. Tu etwas, daß sie es erfährt!

Bete um konkrete Situationen, in denen du vom Herrn reden kannst.

Wenn die Situation da ist, dann handle – auch ohne Gefühle.

Wenn wir versagt haben, lassen wir der Verdammnis keinen Raum, sondern beanspruchen Vergebung und legen uns neu fest.

Nutze natürliche Kontakte, interessiere dich für den anderen. Selbstverständlich wird unser Verhalten bei regelmäßigen Alltagskontakten ganz anders sein als bei einmaligen Kontakten.

Biete Gebet und Heilung an. Gott wird durch dich mit der Kraft des Heiligen Geistes andere berühren wollen. Die Liebe Gottes will sich erweisen. Die Gegenwart Gottes, die sich in deinem Gebet in Anwesenheit des anderen manifestiert, kann in einem Augenblick mehr tun als stundenlanges Reden.

Überhaupt sollten wir feinfühlig sein und merken, ob wir genug geredet haben oder ob unser Gegenüber Interesse hat, mehr zu hören. Ständiger Kontakt mit dem Heiligen Geist in uns macht uns sensibel. Widerstand gegen die Botschaft sollten wir nicht mit Streitgesprächen zu überwinden suchen.

Das Zurücklassen von geeignetem Material, z. B. einem Buch, einer Cassette, Videos oder Schriften, gibt dem Betreffenden die Möglichkeit, sich allein mit der Botschaft des Evangeliums zu befassen, ohne sich gleich durch deutliches Interesse eine vermeintliche Blöße geben zu müssen.

2. Kor. 4,4 Fürbitte und geistlicher Kampf gehören zur Unterstützung des Heiligen Geistes in seinem Bemühen um den Angesprochenen unbedingt dazu.

Heilung gehört uns

Ein erster flüchtiger Blick auf die großen Abschnitte der Menschheitsgeschichte und das Vorkommen von Krankheit kann schon viel Klarheit bringen.

1. Mose 1,31

Gott beurteilte seine Schöpfung des Menschen mit dem Prädikat „sehr gut".

5. Mose 28, 15 ff.

Krankheit ist in der Beurteilung Gottes nichts Gutes, sondern ein Fluch.

Röm. 5,12

Erst durch die Sünde, die ja der Beginn der Herrschaft Satans über die Menschheit ist, kamen Tod, Fluch und Krankheit. Krankheit ist ein Werk Satans und nicht Gottes.

Apg. 10,38

Jesus von Nazareth, wie Gott ihn mit Heiligem Geist und mit Kraft gesalbt hat, der umherging und wohltat und alle heilte, die von dem Teufel überwältigt waren; denn Gott war mit ihm.

Der Heilungsdienst Jesu wird vom Heiligen Geist in seinem Wort als Wohltat bezeichnet.

Alle diejenigen, die Jesus heilte, waren Menschen, die vom Teufel überwältigt und krank gemacht worden waren.

Joh. 10,10

Jesus lehrt, daß der Teufel derjenige ist, der raubt, würgt und umbringt.

Wenn Satans Reich endgültig zerstört sein und er keinen Zugang zu den Menschen mehr haben wird, wird es nie wieder Krankheit und andere Arten des Fluches geben.

Off. 21,3–4

Und ich hörte eine laute Stimme vom Thron her sagen: Siehe, das Zelt Gottes bei den Menschen! Und er wird bei ihnen wohnen, und sie werden sein Volk sein, und Gott selbst wird bei ihnen sein. Und er wird jede Träne von ihren Augen abwischen, und der Tod wird nicht mehr sein, noch Trauer, noch Geschrei, noch Schmerz wird mehr sein: denn das Erste ist vergangen.

Ist es Gottes Wille, daß jeder geheilt wird? Die Hauptschwierigkeit bei der Beantwortung dieser Frage besteht darin, daß den meisten Menschen nicht wirklich klar ist, daß der Wille Gottes in seinem Wort, der Bibel, zu finden ist und nicht in den bisher gemachten Erfahrungen oder menschlichen Meinungen.

Alle Gedanken, Vorstellungen, Lehren, übernatürlichen Visionen, Eindrücke oder Gewißheiten, die nicht mit der Bibel übereinstimmen, sind einfach nicht von Gott.

Verkehrte Vorstellungen über die Allmacht Gottes haben uns zu dem Trugschluß geführt, daß alles, was um uns herum oder in unserem Leben geschieht, von Gott komme und seinem Willen entspreche. Folgende Haltung ist immer noch weit verbreitet: Die Tatsache, daß ich nach so langer Zeit der Krankheit nicht geheilt wurde, beweist doch, daß es nicht Gottes Wille für mich ist. Wäre es sein Wille, hätte er es ja längst tun können. Ich bin doch offen dafür.

Die Tatsache, daß Christen heute oder auch in der Bibel nicht geheilt wurden (z.B. Trophimus), kann nicht als Beweis dafür gelten, daß Gott manchmal nicht heilen will. Dieser Zirkelschluß kommt zustande, wenn wir ohne Erkenntnis des Willens Gottes – also ohne Gewißheit, was wir von ihm zu erwarten haben – eben nichts erwarten und stattdessen das schon Vorhandene als den Willen Gottes ausgeben.

Erfahrung sagt nicht zwingend etwas über den Willen Gottes
1. Tim. 2,4 aus. Er will z. B., daß alle Menschen gerettet werden, was ganz offensichtlich nicht geschieht. Oder Gott will auch, daß alle seine Kinder erfüllt sind vom Heiligen Geist, wovon große Teile der Christenheit noch weit entfernt sind.

Nicht einmal die Erfahrung von wirklich hingegebenen und charakterlich vorbildlichen Christen ist unser Maßstab, sondern das Wort Gottes.

Erst das intensive eigene Studium des Wortes befähigt uns, den Willen Gottes zu erkennen und anzustreben.

Röm. 12,2 **Und seid nicht gleichförmig dieser Welt, sondern werdet verwandelt durch die Erneuerung des Sinnes, daß ihr prüfen mögt, was der Wille Gottes ist: das Gute und Wohlgefällige und Vollkommene.**

Wir könnten nicht einfach drauf losbeten, wenn Gott uns nicht zuvor offenbart habe, ob er in diesem speziellen Fall heilen wolle oder nicht. Wir dürften Gott nicht unseren Willen aufzwingen! So oder ähnlich lautet der Einwand von manchen.

Hätte unser Herr uns nicht eindeutig seinen Willen über Heilung offenbart, träfe dieser Einwand zu. Aber wir haben sein Wort, und durch schrittweise Erneuerung unseres Denkens, indem wir jede Aussage und Bewertung sowie jede Heilstatsache aus seinem Wort übernehmen, werden wir befähigt, den Willen Gottes zu erkennen.

Die Kenntnis des Willens Gottes ist Grundlage für biblischen Glauben. Ohne eine Gewißheit aus dem Wort, daß Heilung der Wille Gottes für jeden ist, kann man nicht im Glauben beten.

Daß Gott heilen kann, ist wohl für keinen Christen eine Frage, sehr wohl aber, ob, wann und warum er heilt. Der Glaube, daß
Matth. 8,2–3 Gott heilen kann, bewirkt noch kein Wunder.

Gottes Wille für die Menschen

Heilung war Segen Gottes für j e d e n Teilhaber des Alten Bundes.

2. Mose 15,26b **... denn ich bin der HERR, der dich heilt.**

2. Mose 23,25b **... und ich werde alle Krankheit aus deiner Mitte entfernen.**

5. Mose 28 Der Fluch Gottes für den, der nicht im Bund Gottes blieb, umfaßte auch jegliche Art von Krankheit. Aber Gesundheit, Wohlergehen und Segen im gesamten alltäglichen Leben war denen verheißen, die im Bund blieben.

Ps. 103,2–3 **Preise den HERRN, meine Seele, und vergiß nicht alle seine Wohltaten! Der da vergibt alle deine Sünde, der da heilt alle deine Krankheiten.**

Luk. 13,10–16 Die verkrümmte Frau in der Synagoge hatte ein Recht auf Heilung, weil sie eine Tochter Abrahams war, d. h. sie lebte im Bund Gottes.

Das ganze Leben Jesu ist die Offenbarung des Willens Gottes.

Joh. 14,9 **... Wer mich gesehen hat, hat den Vater gesehen.**

Joh. 8,29

... **er** (der Vater) **hat mich nicht allein gelassen, weil ich allezeit das ihm Wohlgefällige tue.**

Gott der Vater und Gott der Heilige Geist wirkten durch und mit Jesus die Heilungen.

Mark. 1,40–42
Matth. 14,14
Matth. 20,34

Barmherzigkeit war das Motiv Jesu für seine Heilungswunder.

Luk. 9,11b

... und er nahm sie auf und redete zu ihnen vom Reich Gottes, und die Heilung brauchten, machte er gesund.

Unsere Grundbedürfnisse, wie z. B. Gesundheit, sind gottgegeben, und unser Gott will diese Bedürfnisse befriedigen.

Matth. 12,15
Matth. 14,14
Matth. 15,30–31
Luk. 4,40
Luk. 6,17–19

Eine viel zu wenig beachtete und verkündigte Wahrheit über den Dienst Jesu ist: Er heilte o h n e A u s n a h m e a l l e Menschen, die zu ihm kamen und ihn um Heilung baten.

Apg. 5,16
Apg. 28,9

Ebenso war es später im Heilungsdienst in der Apostelgeschichte.

In allen vier Evangelien gibt es kein einziges Beispiel dafür, daß Jesus Menschen, die wegen Heilung zu ihm kamen, abwies mit Antworten wie: „Du bist auserwählt, zur Ehre Gottes krank zu sein. Deshalb freue dich und geh deiner Wege." oder „Für dich ist die Zeit deiner Heilung noch nicht gekommen."

1. Joh. 3,8

Das Ziel des Kommens Jesu war die Zerstörung der Werke des Teufels, also auch der Krankheit.

Von Gottes Seite aus wurde dieses Ziel mit dem Sterben Jesu am Kreuz erreicht.

Joh. 3,14–15

Und wie Mose in der Wüste die Schlange erhöhte, so muß der Sohn des Menschen erhöht werden, damit jeder, der an ihn glaubt, ewiges Leben habe.

Durch die erhobene Schlange an der Stange stellte Gott Heilung für jeden aus seinem Volk bereit. Um die Heilung zu erleben, war aber nach dem Sündenbekenntnis noch das persönliche Anwenden von Gottes Heilmittel nötig, das Anschauen der zur

Schau gestellten Schlange und damit das Wegsehen von dem, was der Verstand und der eigene Körper über den tödlichen Schlangenbiß aussagten.

4. Mose 21,9b

... und es geschah, wenn eine Schlange jemanden gebissen hatte und er schaute auf zu der ehernen Schlange, so blieb er am Leben.

An dem Kreuz, an dem Jesus starb, ist letzten Endes Satan und sein Fluch entmachtet und hingerichtet worden.

Jes. 53,4–5

... Jedoch unsere Leiden – er hat sie getragen, und unsere Schmerzen – er hat sie auf sich geladen. ... Die Strafe lag auf ihm zu unserm Frieden, und durch seine Striemen ist uns Heilung geworden.

Gott hat am Kreuz nicht nur die Sünde der Menschheit auf Jesus gelegt, sondern auch unsere Krankheit. Ein großartiger Austausch fand am Kreuz statt.

Jeder wirkliche Christ glaubt die Aussage, daß er Vergebung haben kann, weil Jesus seine Sünden getragen hat. Die Worte „getragen" (hebräisch „nasa") und „auf sich geladen" (hebr. „sabal"), die gebraucht werden bezüglich Krankheit und Schmerzen in Vers 4, sind genau dieselben wie in Vers 11 und 12, wo sie bezüglich Verschuldung und Sünden gebraucht werden. Mit welchem Recht wollen wir das letztere wörtlich nehmen und jetzt erfahren und ersteres nur „geistlich" deuten oder als für später gültig?

Jesus jedenfalls und die Schreiber des Neuen Testamentes glaubten an die am Kreuz erworbene Heilung für jeden.

Jesus bezieht das Kapitel 53 von Jesaja auf sich selbst, denn er zitiert aus diesem Abschnitt des Alten Testamentes, wenn er sagt:

Luk. 22,37

... denn ich sage euch, daß noch dieses, was geschrieben steht, an mir erfüllt werden muß: „Und er ist unter die Gesetzlosen gerechnet worden"; denn auch das, was mich betrifft, hat eine Vollendung.

Matth. 8,17

Matthäus und Petrus bestätigen, daß Jesus am Kreuz die Krankheit, genauso wie auch die Sünde, stellvertretend für alle Menschen getragen hat.

1. Petr. 2,24 **... der unsere Sünden an seinem Leib selbst an das Holz hinaufgetragen hat, damit wir, den Sünden abgestorben, der Gerechtigkeit leben; durch dessen Striemen ihr geheilt worden seid.**

Gal. 1,11–12 Paulus betont, daß er seine Lehre des Evangeliums nicht von anderen Menschen, sondern unmittelbar vom Herrn selbst empfangen hat. Deshalb ist es auch nicht verwunderlich, daß er in seiner Beschreibung des Kreuzes völlig mit Jesus übereinstimmt und unter anderem auch Krankheit als von Jesus stellvertretend für uns getragen sieht:

Gal. 3,13–14 **Christus hat uns losgekauft von dem Fluch des Gesetzes, indem er ein Fluch für uns geworden ist – denn es steht**
5. Mose 21,23 **geschrieben: „Verflucht ist jeder, der am Holz hängt!" –, damit der Segen Abrahams in Christus Jesus zu den Nationen komme, damit wir die Verheißung des Geistes durch den Glauben empfingen.**

Erinnern wir uns daran, die Auflistung des Fluches des Gesetzes
5. Mose 28 beinhaltet ausdrücklich alle Krankheiten.

Jakobus bestätigt ebenfalls, daß Heilung der Wille Gottes für jeden Christen ist.

Jak. 5,14–15 **Ist jemand krank unter euch? Er rufe die Ältesten der Gemeinde zu sich, und sie mögen über ihm beten und ihn mit Öl salben im Namen des Herrn. Und das Gebet des Glaubens wird den Kranken retten, und der Herr wird ihn aufrichten, und wenn er Sünden begangen hat, wird ihm vergeben werden.**

Mark. 16,17–18
Joh. 14,12
3. Joh. 2

Auch Markus und Johannes zeigen, daß Heilung und Gesundheit bis heute der Wille Gottes für alle ist.

Keine einzige Bibelstelle sagt uns, daß Krankheit Gott verherrlicht. Wir sollen sie auch nicht geduldig als unser Kreuz tragen, weil unser Kreuz nicht das Kreuz Christi ist, sondern etwas total anderes.

Matth. 10,38
Mark. 8,34
Mark. 10,21–24
Luk. 14,26–34

Die Schriftstellen, die *unser* Kreuz betreffen, zeigen völlig eindeutig, daß es sich dabei um Leiden um Jesu und des Evangeliums willen handelt, Trennung von seelischen Abhängigkeiten im materiellen oder familiären Bereich und Ablehnung und Verfolgung.

Jesus hat für uns die Sünde und die Krankheit getragen, damit wir sie los sein können. Heilung ist ebenso wie Vergebung als Teil der Erlösung von Jesus für uns alle erworben worden. Heilung gehört uns.

Es kommt nicht darauf an zu warten, ob und wann Gott uns etwas geben will, sondern zu verstehen, wie wir konkrete Segnungen von ihm empfangen oder abholen.

Wie man Heilung von Gott empfangen kann

Im Heilungsdienst Jesu sehen wir grundsätzlich zwei unterschiedliche Formen von Heilungsgeschehen. In manchen Fällen ging die Initiative von Jesus aus, der – geleitet vom Heiligen Geist – einzelnen diente, die relativ wenig bis gar nicht vorbereitet waren. In der Mehrzahl der Fälle kamen Menschen von sich aus zu Jesus und baten um Heilung. Sie waren durch das gehörte Wort Gottes gründlich vorbereitet.

Luk. 6,17–19

... und eine große Menge des Volkes von ganz Judäa und Jerusalem und von der Seeküste von Tyrus und Sidon, die kamen, ihn zu hören und von ihren Krankheiten geheilt zu werden; und die von unreinen Geistern Geplagten wurden geheilt. Und die ganze Volksmenge suchte ihn anzurühren, denn Kraft ging von ihm aus und heilte alle.

Alle jene Menschen, die von sich aus zu Jesus gingen und Heilung haben wollten, wurden tatsächlich geheilt. Jesus betonte viele Male, daß der Glaube des Heilungsuchenden der entscheidende Faktor gewesen sei.

Matth. 9,22b

Sei guten Mutes, Tochter; dein Glaube hat dich geheilt.

Eine ganze Fülle von Schriftstellen allein im Neuen Testament verweisen auf den Zusammenhang zwischen Glaube und Wunder:

Matthäus 8,10.13; 9,2; 15,28; 17,20; 21,21
Markus 4,40; 5,34.36; 11,22-23
Lukas 8,25; 18,7-8a
Johannes 11,40
Apostelgeschichte 3,16; 14,3

1. Korinther 13,2
Galater 3,5
Jakobus 5,15

Wenn Jesus ohne besondere Erweisungen des Heiligen Geistes allein auf der Grundlage des Glaubens der Hilfesuchenden dienen mußte, wurde er manches Mal durch mangelnden Glauben begrenzt oder gehindert, zu wirken.

Matth. 13,58 **Und er tat dort nicht viele Wunderwerke wegen ihres Unglaubens.**

Mark. 6,5–6a **Und er konnte dort kein Wunderwerk tun, außer daß er wenigen Schwachen die Hände auflegte und sie heilte. Und er wunderte sich über ihren Unglauben.**

Die Vorstellung, daß Jesus nach eigenem Belieben jeden Menschen heilen konnte, entspricht also ganz und gar nicht dem biblischen Bericht. Der Glaube des Heilungsuchenden war damals für Jesus erforderlich und ist es deshalb auch heute noch.

Als Seelsorger werden wir darauf achten, daß es zu keiner kalten Forderung von Glauben oder, bei noch ausbleibender Heilung, zu einer Verurteilung wegen Glaubensmangel kommt, sondern zur Förderung und zum Wachstum des Glaubens.

Die Deutung jedoch, daß bei noch ausgebliebener Heilung kein echter Glaube im Herzen vorliegt, ist an sich keine Verurteilung, sondern zeigt die Richtung der erforderlichen Fleißschritte an.

Jesus lehrt, daß der biblische Glaube das, worum er bittet, *immer* empfängt!

Mark. 11,22b–24 **Habt Glauben an Gott! Wahrlich, ich sage euch: Wer zu diesem Berg sagen wird: Hebe dich empor und wirf dich ins Meer! und nicht zweifeln wird in seinem Herzen, sondern glauben, daß geschieht, was er sagt, dem wird es werden. Darum sage ich euch: Alles, um was ihr auch betet und bittet, glaubt, daß ihr es empfangen habt, und es wird euch werden.**

Jak. 1,5–8 Aber es handelt sich eben nicht um eine menschliche Form des Glaubens im Sinne von Fürwahrhalten oder Hoffen, sondern um göttlichen Glauben, der das von Gott Verheißene abholt.

Diese Qualität von Glauben wird in uns entstehen bei einem Umgang mit dem Wort Gottes, wie es die Bibel beschreibt.

Röm. 10,17 **Also ist der Glaube aus der Verkündigung, die Verkündigung aber durch das Wort Christi.**

Spr. 4,20–23 **Mein Sohn, auf meine Worte achte, meinen Reden neige dein Ohr zu! Laß sie nicht aus deinen Augen weichen, bewahre sie im Innern deines Herzens! Denn Leben sind sie denen, die sie finden, und Heilung für ihr ganzes Fleisch. – Mehr als alles, was man sonst bewahrt, behüte dein Herz! Denn in ihm entspringt die Quelle des Lebens.**

Die Vorbereitung des Herzens ist weitaus wichtiger als das eigentliche Gebet.

Beim Gebet des Glaubens ruht

1. Joh. 5,14–15

1. eine Gewißheit im Herzen: der erwartete Segen ist von Gott für mich vorgesehen. Und wenn ich jetzt darum bitte, erhört mich Gott und ich empfange. Empfangen ist eine äußerlich unsichtbare Handlung des Herzens.

2. Wir bitten den Vater im Namen Jesu um die Heilung.

Mark. 11,24

3. Wir empfangen im Herzen und danken für die Erhörung. Die Bedingung, unter der wir etwas von Gott bekommen, ist, zu glauben, daß wir empfangen (haben).

4. Entgegen sichtbaren und fühlbaren Symptomen halten wir fest, daß wir empfangen haben und wachen mit Danksagung bis zur Manifestation der Heilung.

5. Auch bereits erfahrene Heilung sollten wir im Glauben festhalten, wenn uns der Feind mit lügenhaften Symptomen noch einmal aus dem Stand des Glaubens herausbringen will. Sonst können wir unter Umständen Heilung von Gott wieder verlieren.

Anhang

Für weitere Studien empfohlene Literatur:

Josh McDowell: Die Tatsache der Auferstehung
Memra-Verlag, Neuwied, 1984

Roger Liebi: Erfüllte Prophetie
Messianische Prophetie – ihre Erfüllung und historische Echtheit
Schwengeler-Verlag, Berneck, 1983

Kenneth E. Hagin: Autorität des Gläubigen
Wort des Glaubens, München, 1986

Kenneth E. Hagin: Biblischer Glaube
Wort des Glaubens, München, 1987

Kenneth E. Hagin: Die neue Geburt
Wort des Glaubens, München, 4. Auflage

Kenneth E. Hagin: Erlöst von Armut, Krankheit und Tod
Wort des Glaubens, München, 1987

Kenneth E. Hagin: Heilung gehört uns
Wort des Glaubens, München, 1986

Wolfhard Margies: Befreiung
Aufbruch-Verlag, Berlin, 1988

Wolfhard Margies: Das Erbe der Erwachsenen
Aufbruch-Verlag, Berlin, 1988

Wolfhard Margies: Glaube, der Wunder wirkt
Aufbruch-Verlag, Berlin, 1987

Wolfhard Margies: Über den Umgang mit einem besiegten Feind
Aufbruch-Verlag, Berlin, 1987

Wolfhard Margies: Überwältigt von der Güte Gottes
Aufbruch-Verlag, Berlin, 1987

Eberhard Mühlan: Führung durch den Heiligen Geist
Stiwa Verlag, Urbach, 1983

T. L. Osborn: Heilung durch Christus
Shalom Verlag, Regensburg, 1987

John Osteen: Was ein Christ als erstes braucht
Stiwa Verlag, Urbach, 1986

Derek Prince: Leben aus Glauben
Jugend mit einer Mission, Hurlach, 1979

Colin Urquhart: Bitte und empfange
Projektion J Verlag, Hochheim, 1986